Becky Haslbeck

Modische Accessoires knüpfen

Vorwort

Makramee ist eine Knüpftechnik aus dem Orient, mit der Teppiche und Ornamente hergestellt werden. Heutzutage wird die Makramee-Kunst schon lange nicht mehr nur mit klassischen Wandbehängen verbunden. Wir können die Werke überall entdecken - angefangen von Blumenampeln und Wohndeko über Taschen bis hin zu geknüpften Accessoires.

Durch die große Auswahl der verschiedensten Garne und Knotenmuster wird jedes Makramee-Projekt zu etwas Besonderem und kann dadurch ganz individuell gestaltet werden.

Langweilig war gestern! Mach Dich bereit für lässige Looks mit auffälligen Statement-Gurten! In diesem Buch erwarten Dich coole Eyecatcher wie auffällige Brillen- und Handyketten, Boho-Gürtel, Kameragurte sowie außergewöhnliche Anhänger und vieles mehr. Also lege los und verpasse Deinem Outfit das gewisse Etwas.

Viel Freude beim Knüpfen wünscht Dir

Becky Haslbeck

Inhalt

GRUNDLEGENDE KNOTEN

MODELLE

Grundlegende Knoten

ANKERKNOTEN VON VORNE GEKNOTET

Mit dem Ankerknoten, auch bekannt als „Lerchenkopfknoten", beginnen fast alle Makramee-Projekte. Hierbei wird der Knoten an Objekten wie z.B. Treibholz, Metallringen oder auch Baumwollfäden befestigt.

1. Lege die beiden Enden gleichmäßig aufeinander und führe die entstehende Schlaufe von oben hinter dem Holzstab durch.

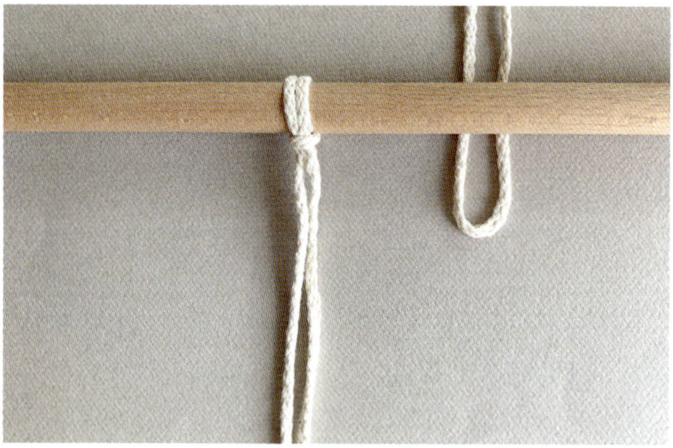

2. Die Fadenenden durch die Schlaufe führen und festziehen.

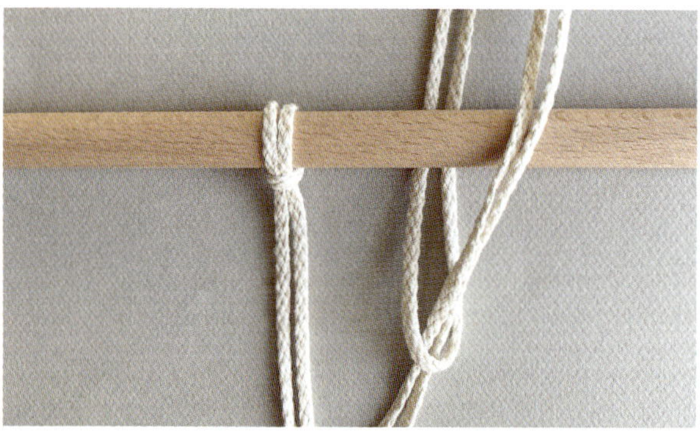

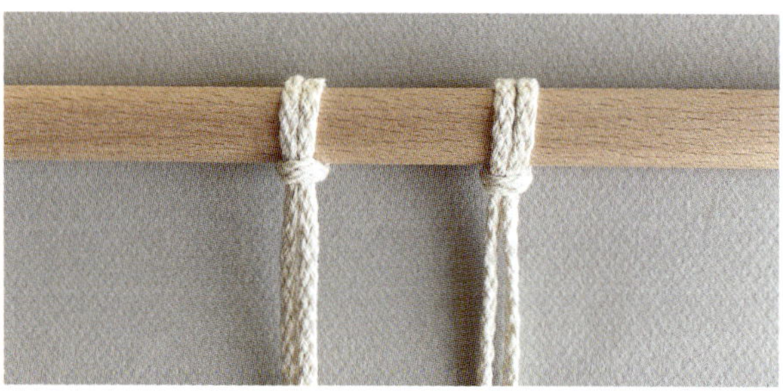

ANKERKNOTEN VON HINTEN GEKNOTET

1. Lege die beiden Enden gleichmäßig aufeinander und führe die entstehende Schlaufe von unten hinter dem Holzstab durch.

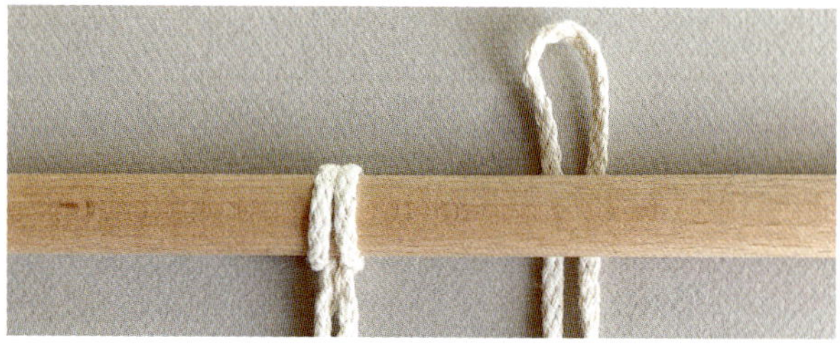

2. Die Fadenenden durch die Schlaufe führen und festziehen.

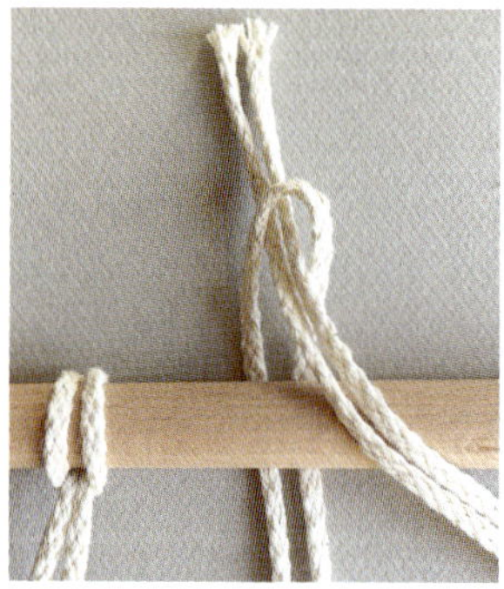

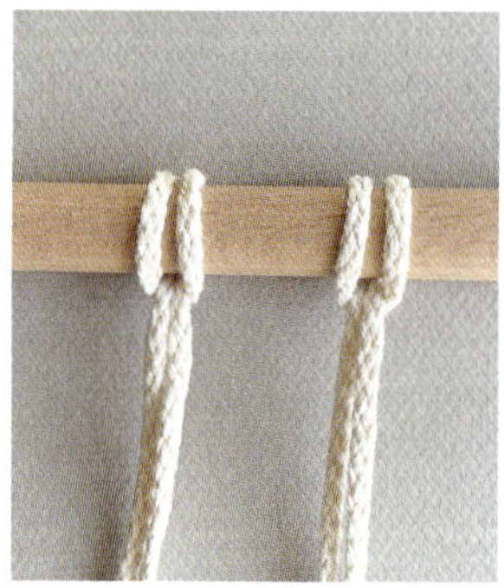

KREUZKNOTEN

Der Kreuzknoten ist einer der gängigsten und wichtigsten Knoten beim Knüpfen von Makramees. Üblicherweise wird er aus 4 Fäden geknotet. Die beiden mittleren Fäden sind dabei die Trägerfäden, um die herumgeknotet wird. Als Arbeitsfaden werden die beiden äußeren Stränge um die Mitte geknotet.

1. Nimm den linken äußeren Faden (Arbeitsfaden) und lege ihn mit einer Schlaufe über die anderen Fäden.

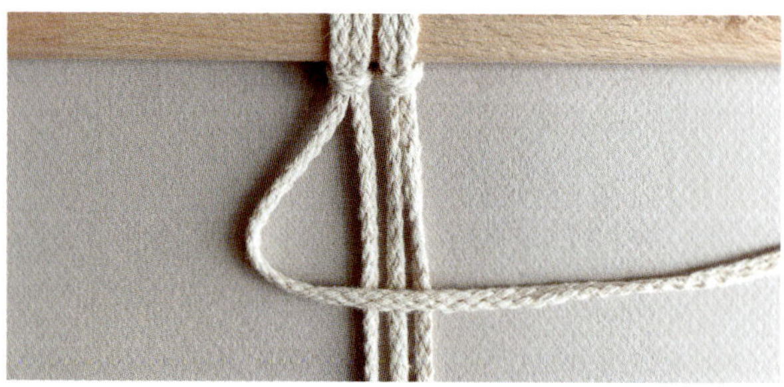

2. Der rechte äußere Faden wird über den quergelegten linken Faden gelegt.

3. Nun geht der rechte Faden unter die beiden Stränge in der Mitte und durch die linke Schlaufe nach oben durch.

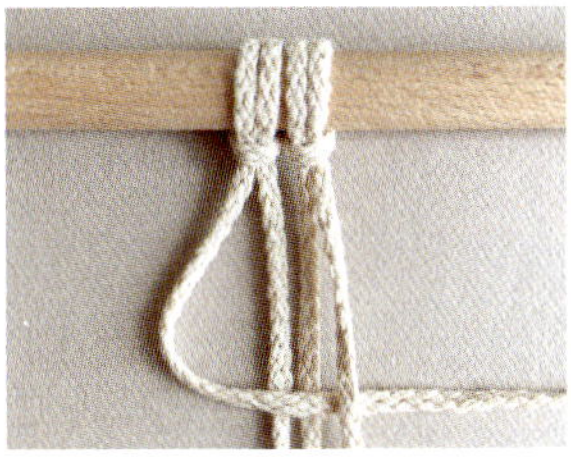
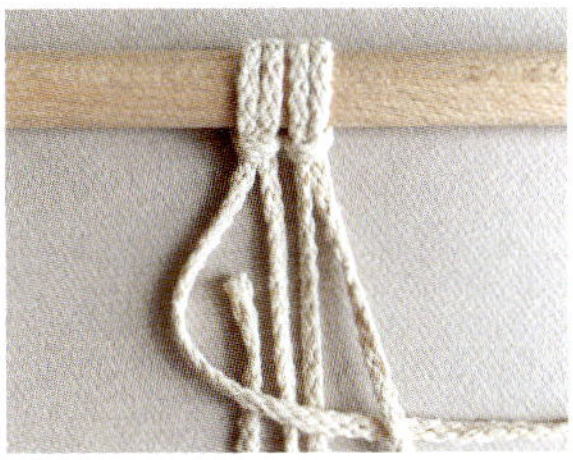

4. Ziehe beide Fäden fest, bis der Knoten unterhalb des Ankerknotens liegt.

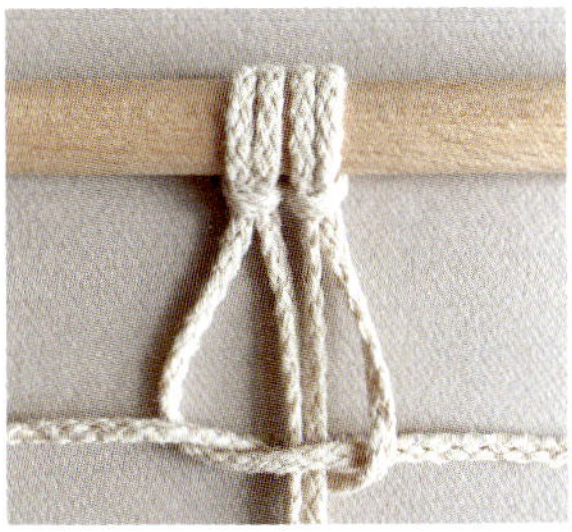
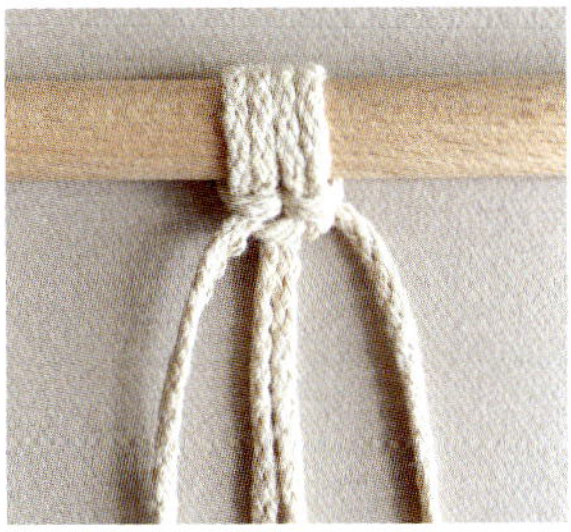

5. Ein Kreuzknoten entsteht immer aus 2 Arbeitsschritten. Im zweiten Schritt wird der Knoten spiegelverkehrt geknotet. Das bedeutet, dass du diesmal mit dem rechten Faden eine Schlaufe über die anderen Fäden legst.

6. Der linke Faden wird nun über den quergelegten rechten Faden gelegt und geht unterhalb der mittleren Fäden durch die Schlaufe nach oben.

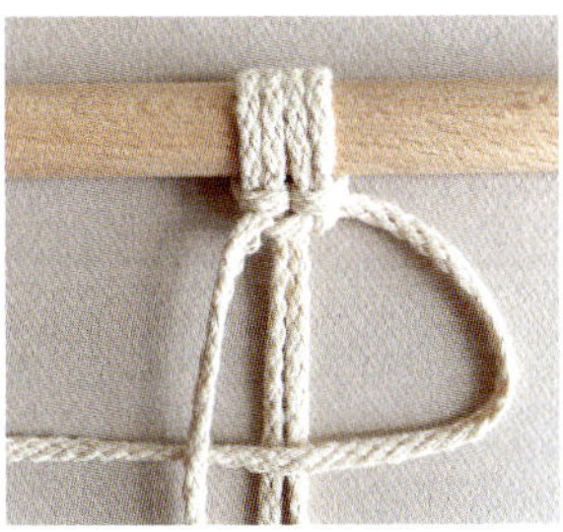
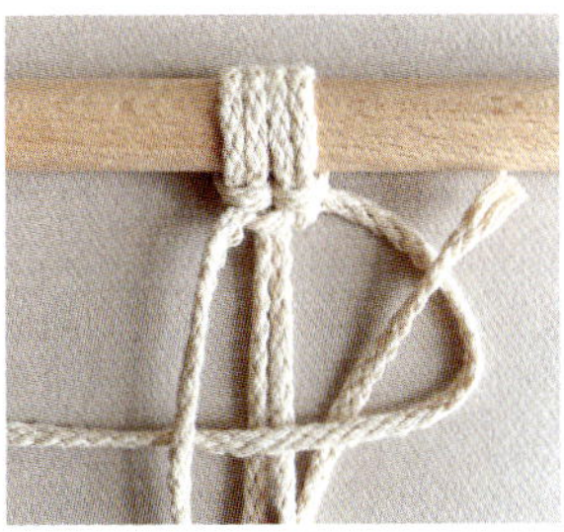

7. Auf beiden Seiten die Fäden festziehen. Nun ist der Knoten fertig und fest. Kreuzknoten werden oftmals untereinander, aber auch versetzt geknotet. Dadurch können große gleichmäßige Flächen geknüpft werden.

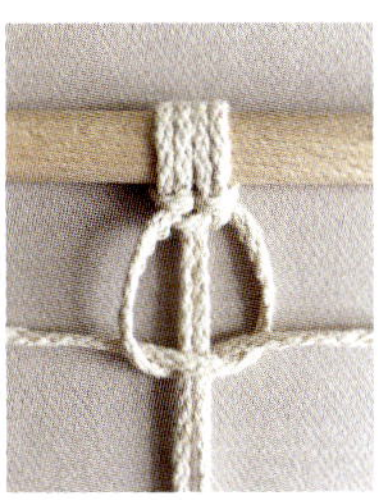
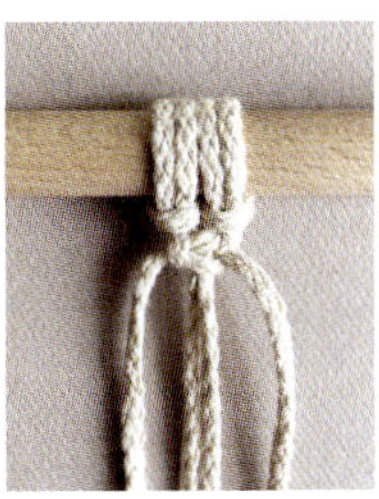
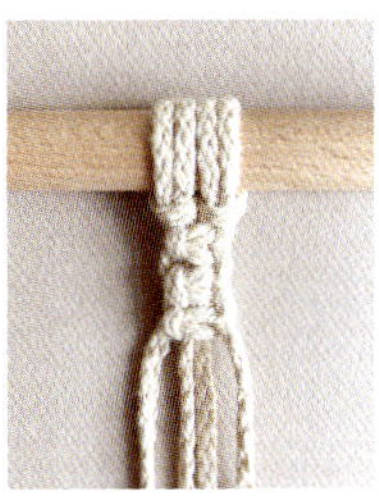

WICKELKNOTEN

Mit dem Wickelknoten können offene Stellen einfach und sicher zusammengehalten werden. Hierbei wird ein neuer Faden um das Makramee-Werk geknotet. Mit buntem Garn kannst du schöne Akzente setzen.

1. Lege den Faden mit einer Schlaufe über die anderen Stränge.

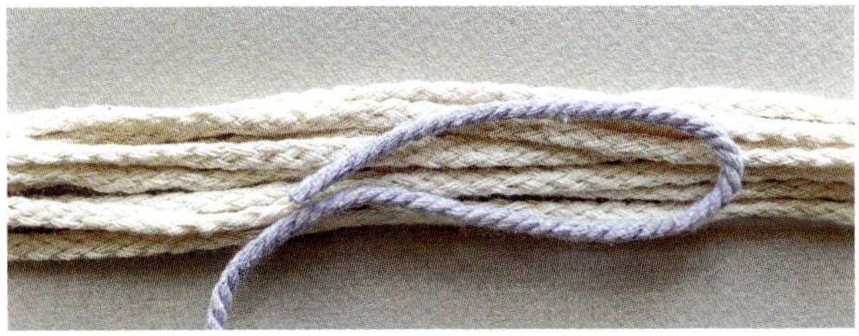

2. Nun umwickelst du mit der langen Seite des Fadens die Schlaufe und die Stränge. Wickel das Garn mehrfach eng herum, sodass die Schlaufe darunter verschwindet. Der obere Faden muss aber sichtbar bleiben.

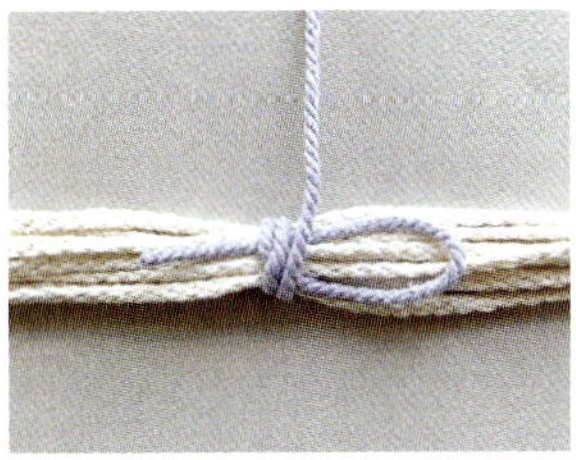
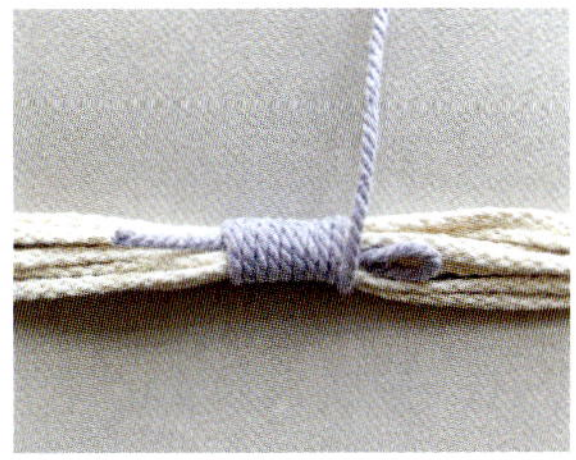

3. Nach der gewünschten Länge ziehst du den Faden durch die Schlaufe.

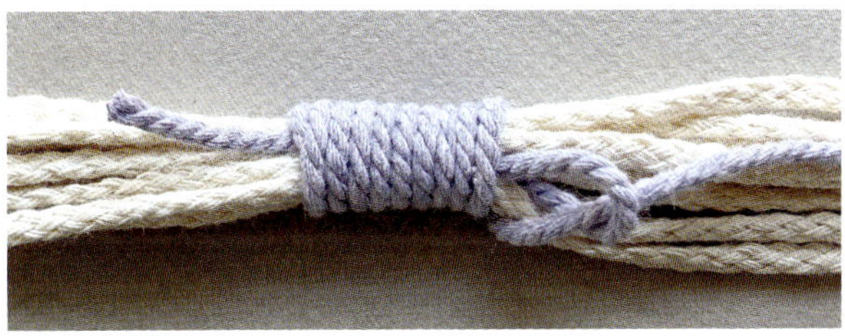

4. Ziehe an dem oberen Faden, um die Schlaufe zuzuziehen. Die Schlaufe mit dem Faden verschwindet dabei unter dem Umwickelten.

5. Die Enden kannst du nun abschneiden und mit Hilfe einer Schere in das Innere des Knotens hineindrücken.

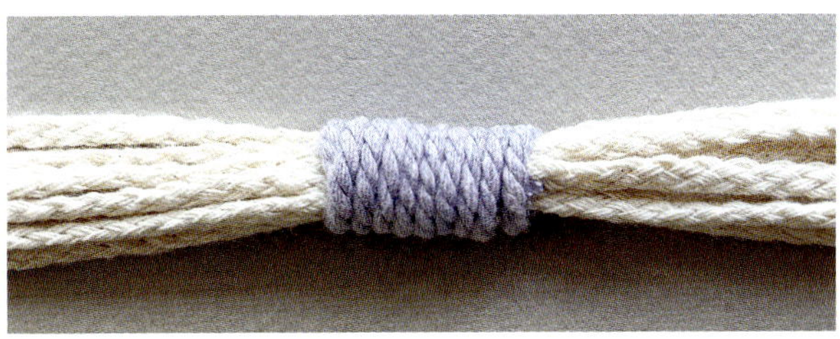

WELLENKNOTEN

Der Wellenknoten ist ein halber Kreuzknoten. Üblicherweise wird er mit 4 Fäden geknotet. Die mittleren beiden Fäden dienen als Trägerfaden, um die herumgeknotet wird, außen sind die beiden Arbeitsfäden.

1. Beginne mit den Arbeitsschritten 1–4 des Kreuzknotens.

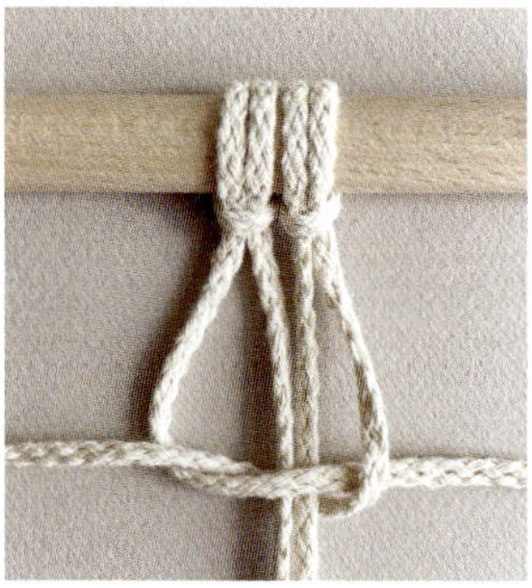

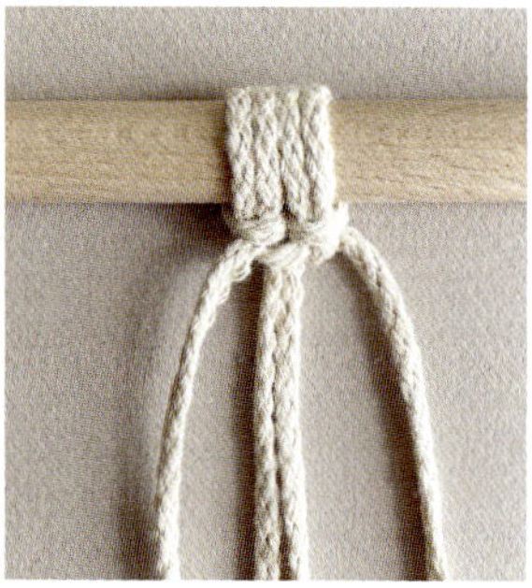

2. Anschließend wiederholst du immer wieder die Schritte und knüpfst mehrere halbe Kreuzknoten untereinander.

Mehrere Wellenknoten untereinander drehen sich ein und ergeben dadurch einen gedrehten Strang.

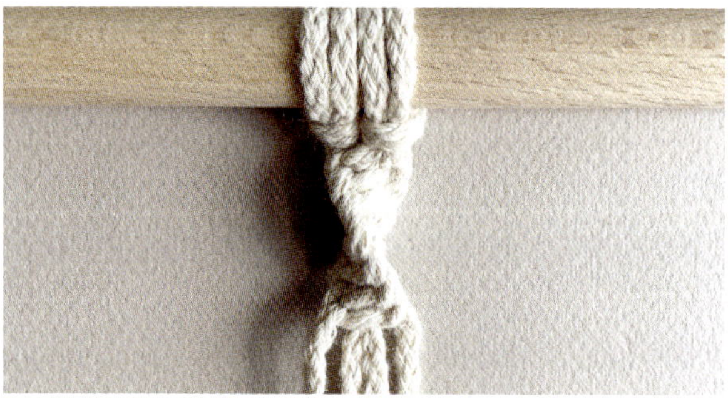

RIPPENKNOTEN

Der Rippenknoten kann schräg nach unten und waagerecht geknotet werden. Hierbei werden mehrere Arbeitsfäden mit jeweils 2 halben Schlägen um den Trägerfaden geknotet.

1. Nimm den linken äußeren Faden und lege ihn schräg nach unten zur Mitte, dies ist der Trägerfaden.

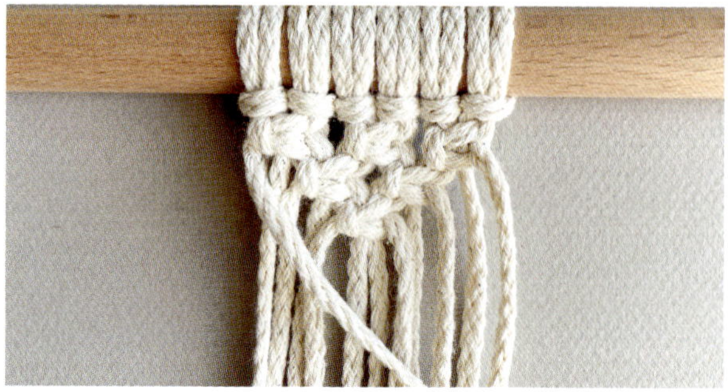

2. Greife den zweiten Faden von links (Arbeitsfaden) und schlage ihn von vorne um den Trägerfaden herum, sodass eine Schlaufe entsteht. Ziehe dann von hinten nach vorne den Arbeitsfaden durch die Schlaufe. Nun ziehst du den Arbeitsfaden fest. Wiederhole diesen Schritt mit dem gleichen Arbeitsfaden.

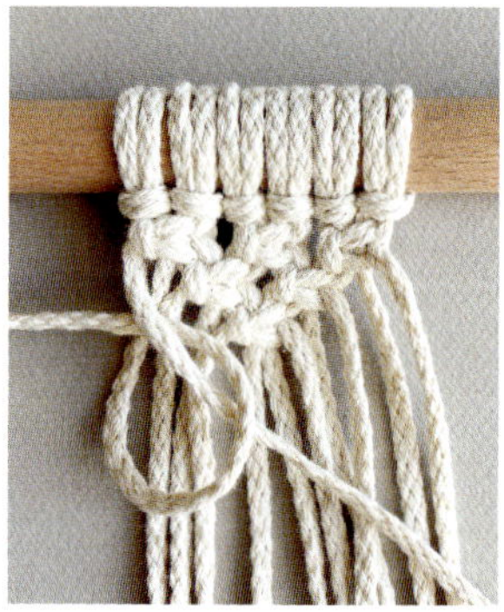

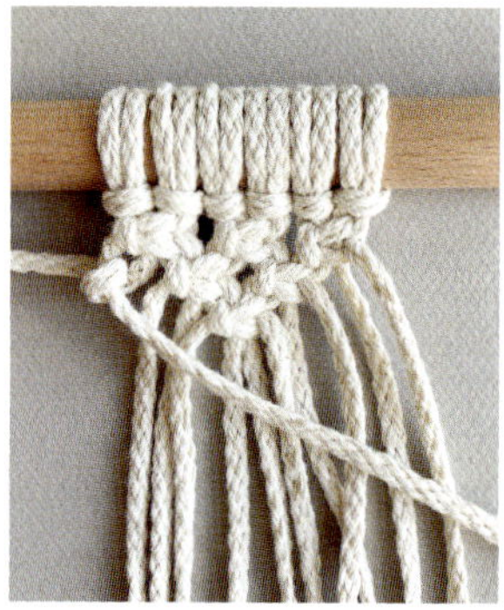

3. Anschließend kannst du den nächsten Arbeitsfaden nehmen und den 2. Schritt wiederholen. Fahre so mit der gesamten linken Reihe fort.

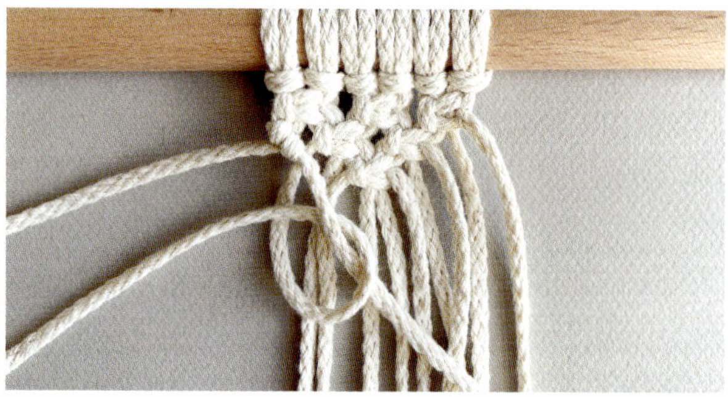

Alle Modelle wurden mit Garn von der Firma Seilwerk Paul Dittus GmbH, 75045 Walzbachtal, Deutschland geknüpft. Vielen Dank für das Material.

Tipps

ZUSCHNEIDEN DER STRÄNGE

Das Zuschneiden der Baumwollfäden gelingt am besten mit einer scharfen Stoffschneiderschere. Verwende diese Schere nur für Stoffe und Garne, da sie sonst schnell stumpf werden kann. Falls du am Ende Schwierigkeiten haben solltest, die Baumwollfäden gleichmäßig zuzuschneiden, verwende für die Schnittkanten Kreppklebeband, um das du außen herum schneidest.

LANGE FÄDEN

Am besten wickelst du die langen Fäden um deine Hand und befestigst sie dann in der Mitte mit einem Gummi. So kannst du nach und nach das Garn verlängern und vermeidest dadurch lästige Verknotungen.

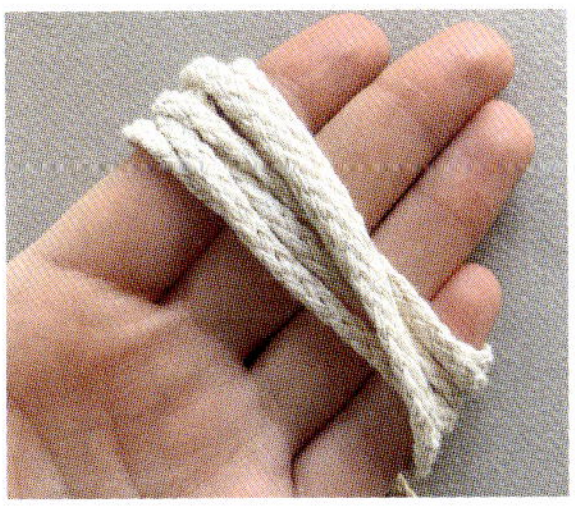

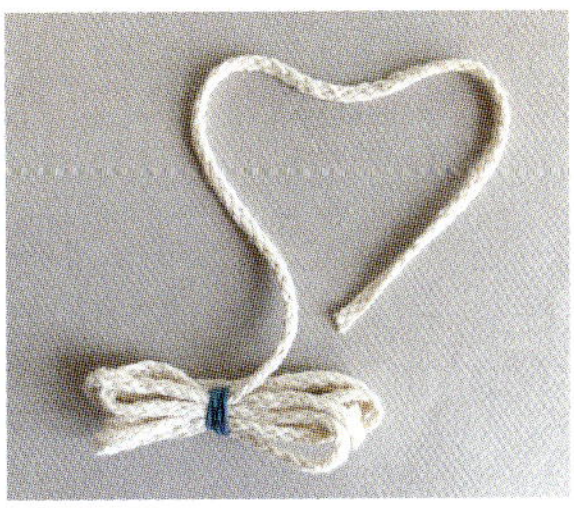

AUSFRANSEN DER FADENENDEN

Zum Auskämmen der Baumwollfäden eignen sich Kämme, aber vor allem Tierhaarbürsten. Sollte sich nach dem Kämmen das Garn wieder eindrehen, kannst du es einfach mit Haarspray oder Sprühkleber fixieren, dadurch bleiben die Fransen in Form.

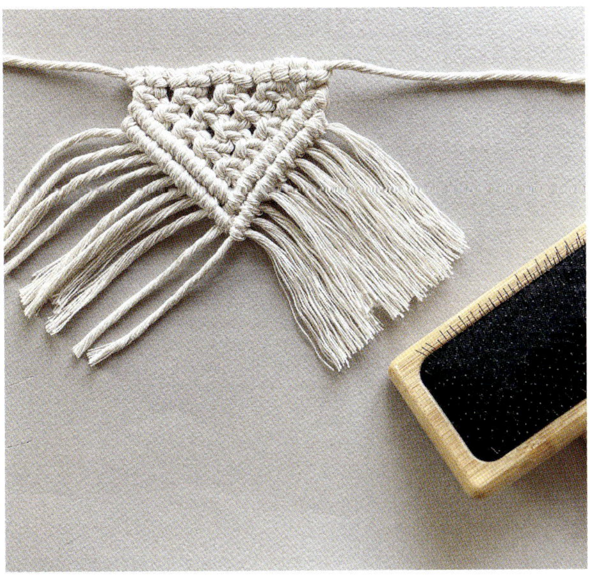

AUFHÄNGUNG

Für die Aufhängung eignet sich am besten ein Stück Garn, das du an den Enden verknotest. Mit einem Ankerknoten kannst du dieses gut an Metallringen oder anderen Objekten befestigen.

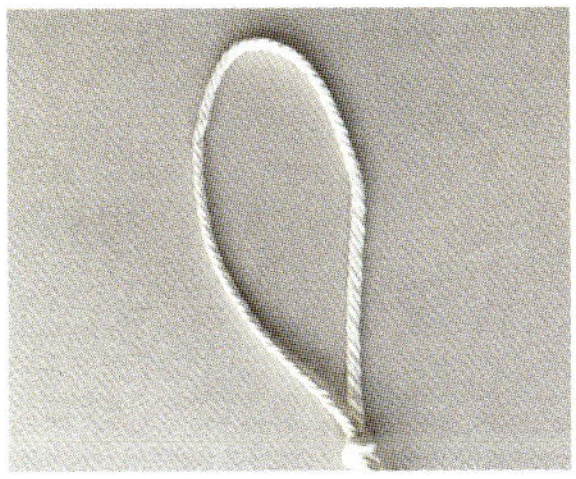

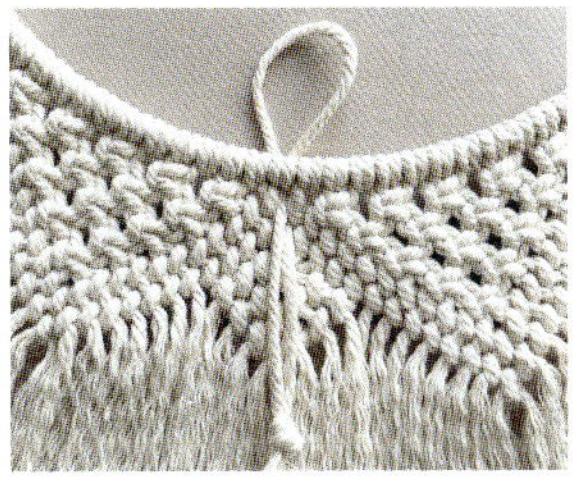

ZUSCHNEIDEN DER SPITZEN

Das gleichmäßige Zuschneiden der Spitzen gelingt gut mit einer Schablone. Schneide hierfür ein Stück Pappe im rechten Winkel zu. Anschließend legst du die Schablone auf das Makramee und schneidest außen herum.

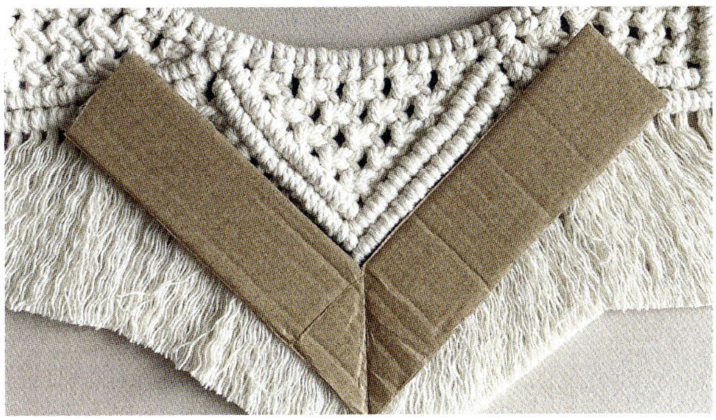

HOLZ BEARBEITEN

Naturholz und Baumwolle ist eine besondere Kombination, die wunderbar zu Einrichtung im Boho- oder Scandi-Stil passt. Hierbei können Rundstäbe und Treibhölzer verwendet werden, an die das Makramee geknüpft wird. Wenn du dich für das Treibholz entscheidest, kannst du es am einfachsten mit Schleifpapier und einer Säge bearbeiten. Alternativ kannst du auch mit einer Schleifmaschine arbeiten, das ist weniger zeitaufwändig.

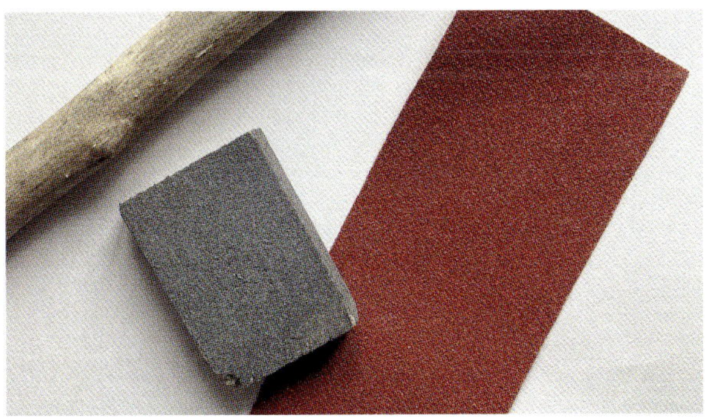

Handykette mit Goldperlen

elegant und schick

Länge: 115 cm

MATERIAL

- 2 Baumwollfäden in Natur, geflochten, ø 3 mm, 6,4 m lang
- 2 Karabiner in Gold, 2 cm
- 12 Perlen in Gold, ø 9 mm
- Schere
- Heißkleber

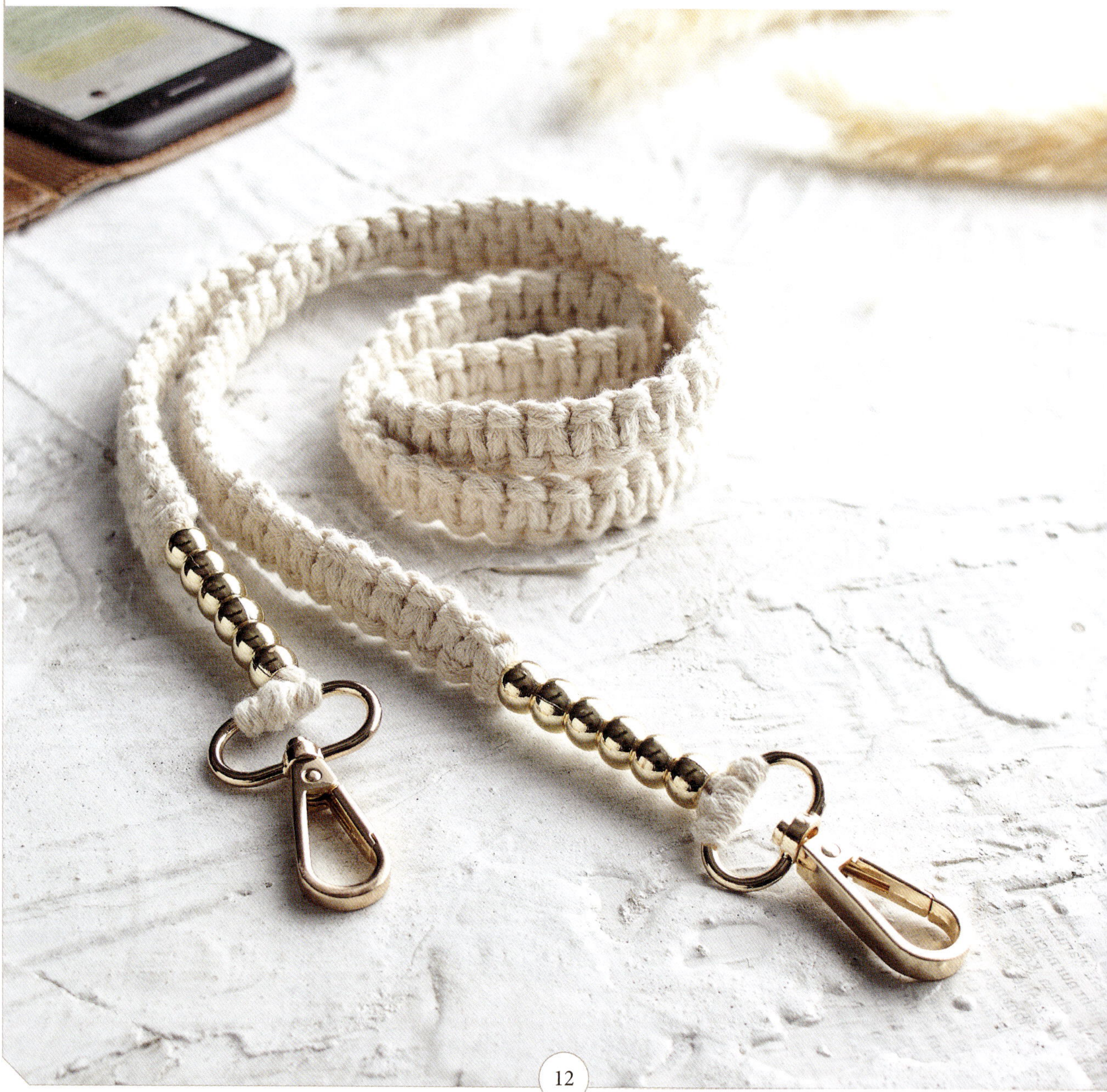

1. Beide Baumwollfäden werden mit dem Ankerknoten am Karabiner befestigt, sodass die mittleren Fäden eine Länge von 1,4 m haben.

2. Fädel die 6 Perlen durch die Baumwollfäden durch.

3. Danach knotest du Kreuzknoten untereinander, bis du die von dir gewünschte Länge erreicht hast. Die kürzesten Fäden müssen am Ende mindestens eine Länge von 12 cm haben

4. Die äußeren Fäden werden jetzt durch die letzten beiden Kreuzknoten durchgezogen und mit Heißkleber fixiert.

5. Fädel die übrigen 6 Perlen auf. Befestige die beiden Fäden mit einem doppelten Ankerknoten am zweiten Karabiner.

6. Ziehe beide Fäden erneut durch die Perlen durch. Unterhalb der Perlen werden die Fadenenden mit Heißkleber fixiert.

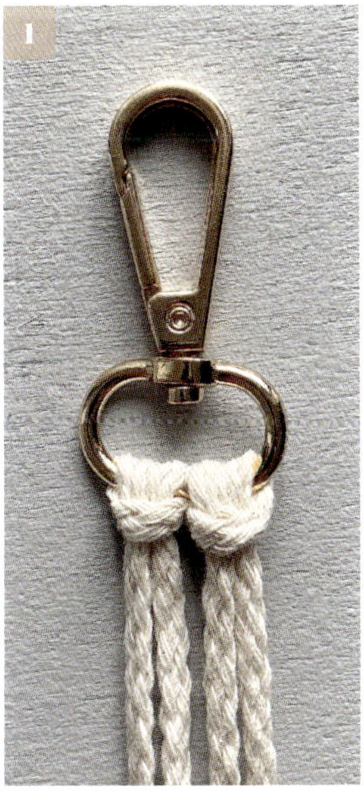

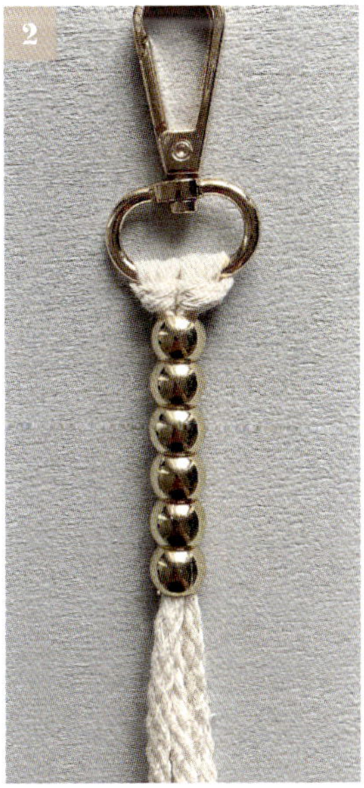

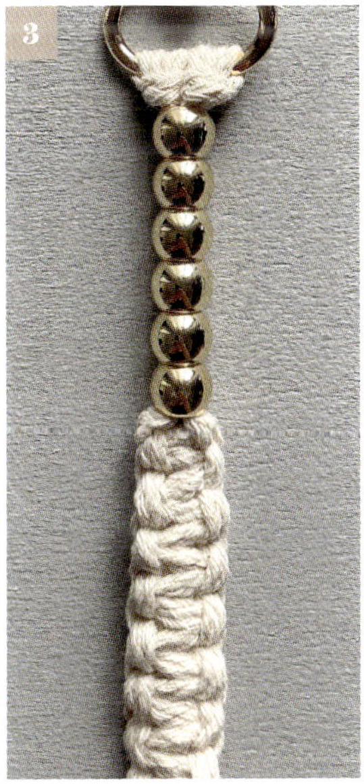

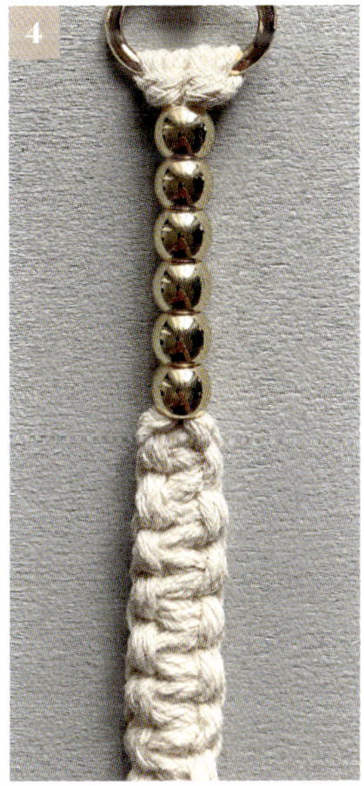

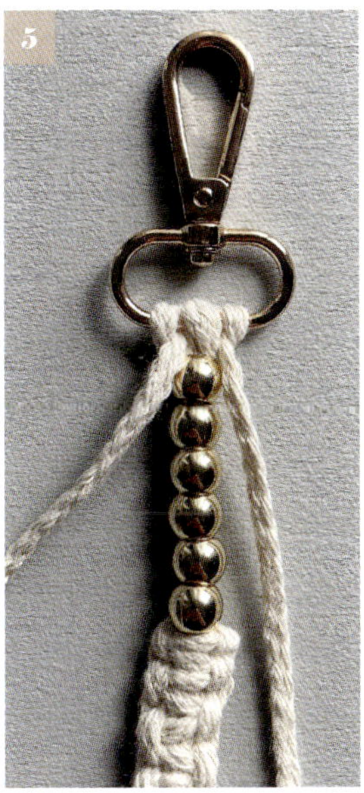

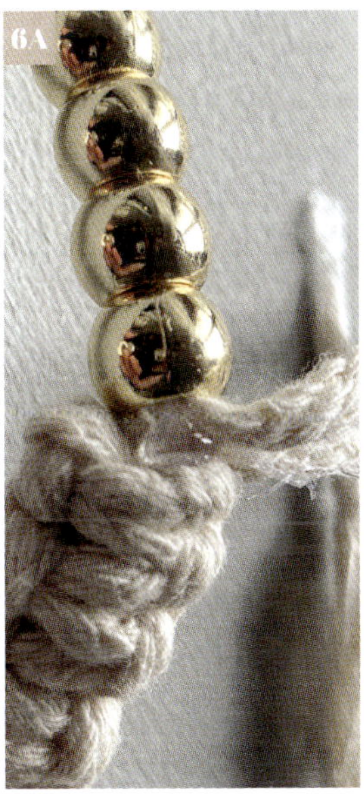

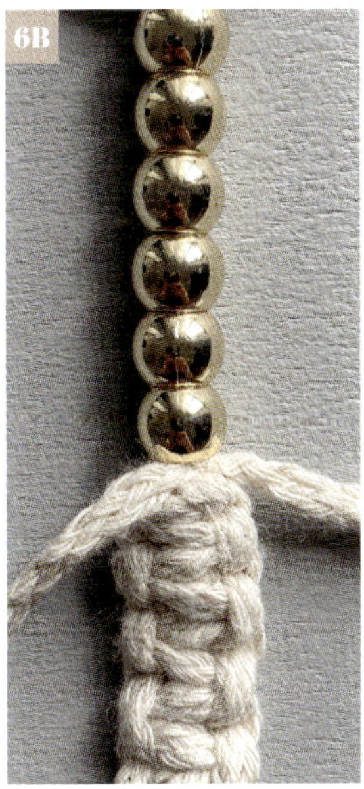

TIPP

Setze noch mehr Statements, indem du mittig zwischen die Kreuzknoten weitere auffällige Perlen auffädelst.

Kameragurt

ideal für dein Hobby

Länge: 120 cm

MATERIAL

- 6 Baumwollfäden in Natur, geflochten, ø 3 mm, 8,6 m lang
- 2 Baumwollfäden in Natur, geflochten, ø 3 mm, 70 cm lang
- 2 Messing-Karabiner
- Schere
- Heißkleber

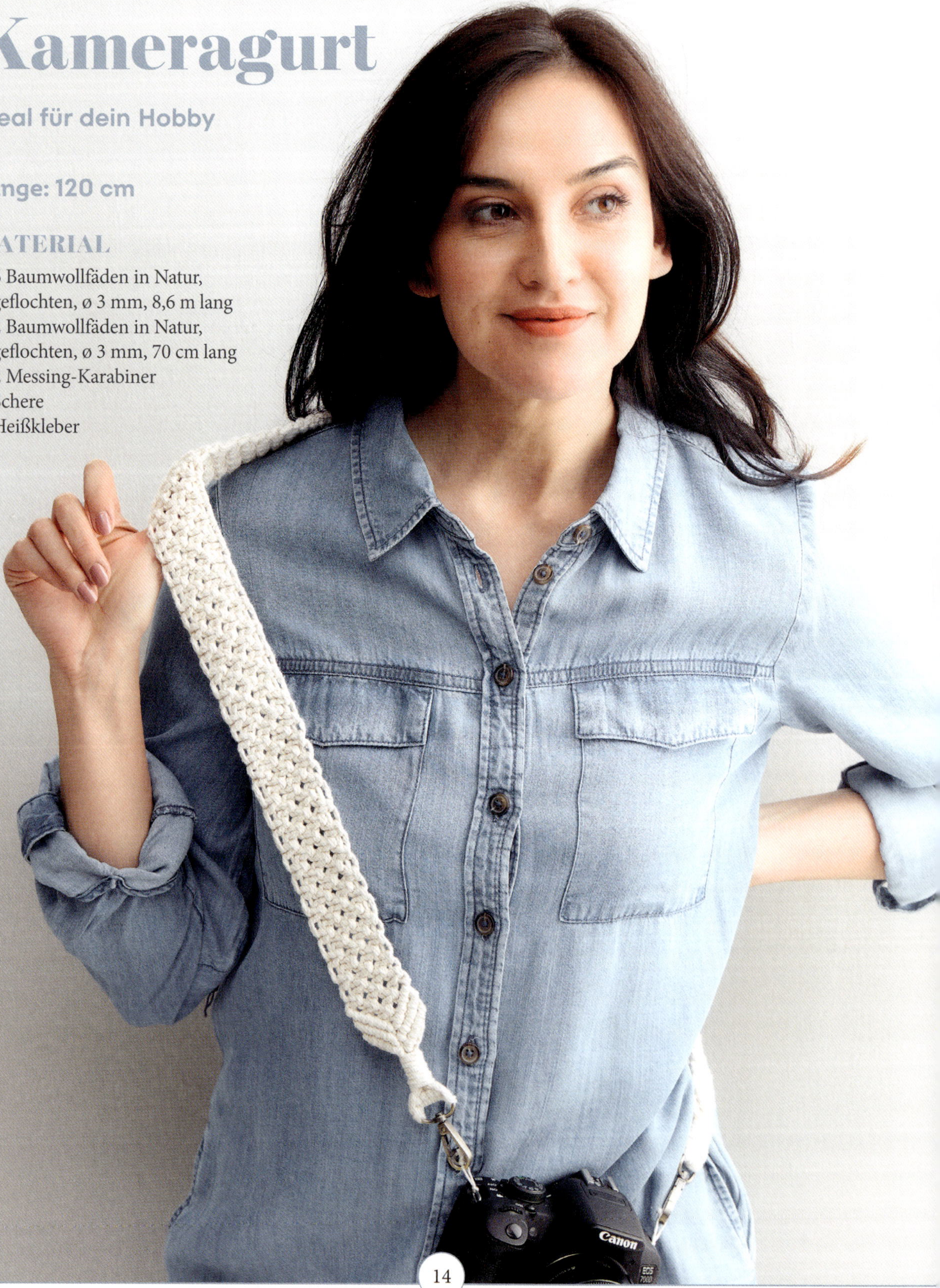

1. Befestige alle 6 Fäden mit dem Ankerknoten an einem der Karabiner.

2. Anschließend knotest du 1 Wickelknoten mit dem 70 cm langen Garn unterhalb der Ankerknoten. Der Wickelknoten hat eine Länge von ca. 5 cm.

3. Nun teilst du die Fäden gleichmäßig auf, sodass auf jeder Seite 6 Fäden liegen. Nimm 1 beliebigen Faden (Trägerfaden) und lege ihn schräg nach links über die anderen Fäden (Arbeitsfäden). Knüpfe 5 Rippenknoten nach links unten.

4. Nimm den obersten Faden der Rippenknoten-Reihe und knote erneut 5 Rippenknoten schräg nach links. Wiederhole diesen Schritt mit dem neuen oberen Faden. Insgesamt entstehen 3 Reihen Rippenknoten untereinander.

5. Wiederhole die Arbeitsschritte ebenfalls auf der rechten Seite.

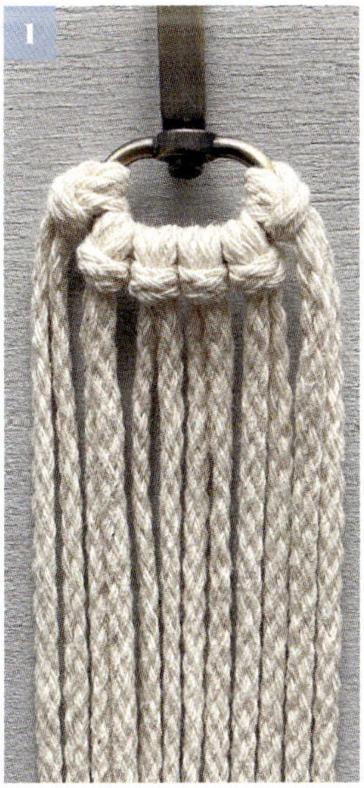
1

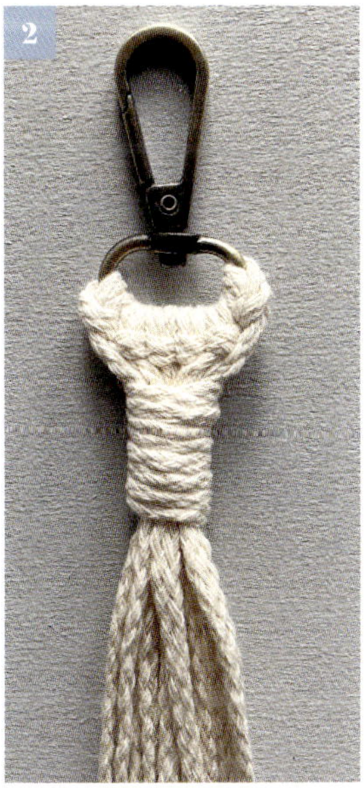
2

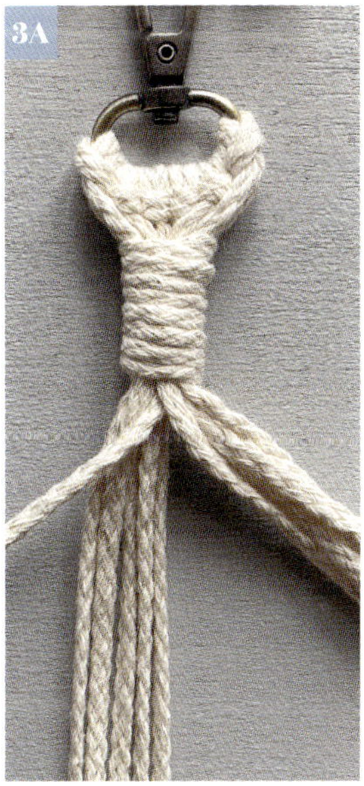
3A

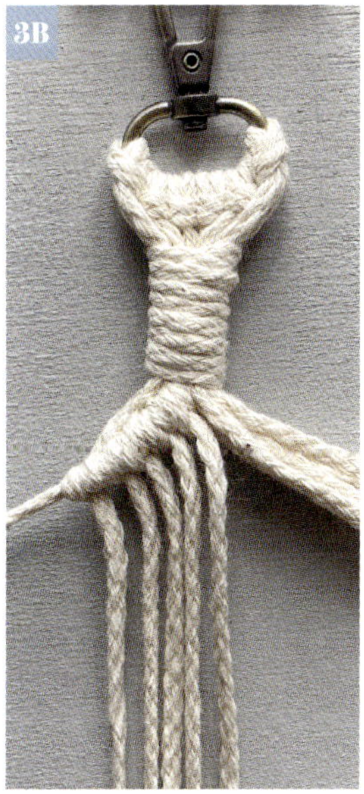
3B

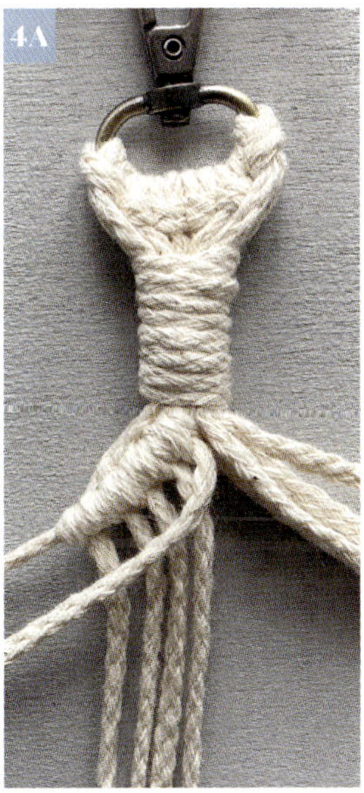
4A

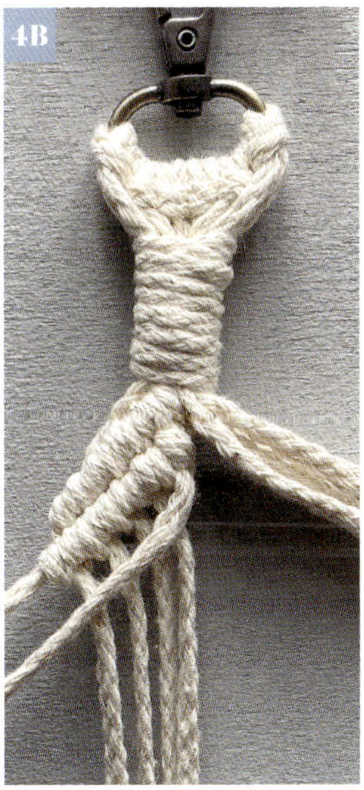
4B

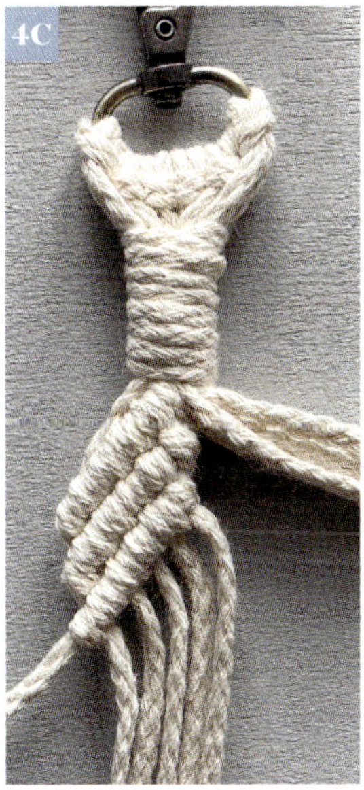
4C

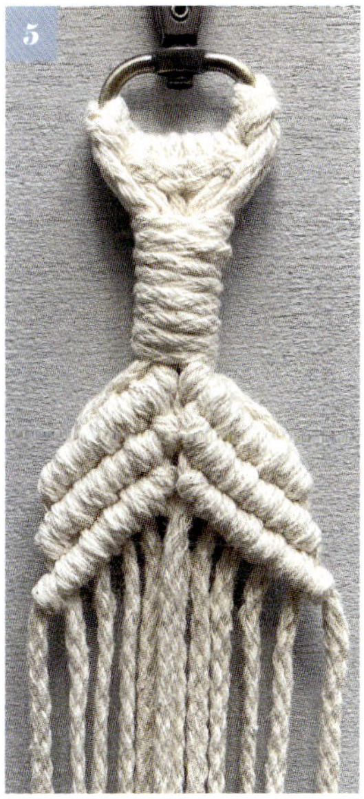
5

6. Mittig knüpfst du nun 1 Kreuzknoten. Darunter folgen 2 weitere Kreuzknoten und darunter knotest du 3 versetzte Kreuzknoten.

7. Nun knüpfst du die Kreuzknoten Reihe für Reihe versetzt, bis du insgesamt eine Länge von ca. 45 cm erreicht hast.

8. Danach laufen die Kreuzknoten wieder spitz zu. Eine Reihe besteht aus 2 Kreuzknoten und 1 weiterer Kreuzknoten folgt mittig.

9. Nimm den linken äußeren Strang und lege ihn schräg nach rechts zur Mitte. Knüpfe 1 Reihe aus 5 Rippenknoten und wiederhole diesen Schritt auch auf der rechten Seite. Die Mitte wird ebenfalls mit 1 Rippenknoten geschlossen. Hierfür ist der rechte Faden der Trägerfaden und der linke der Arbeitsfaden.

10. Wiederhole den 9. Arbeitsschritt, bis du insgesamt 5 Reihen Rippenknoten geknüpft hast. Denke dabei immer an den Rippenknoten in der Mitte, damit keine Lücke entsteht.

11. Die letzte Reihe Rippenknoten auf der rechten Seite wird nun um 5 Rippenknoten erweitert.

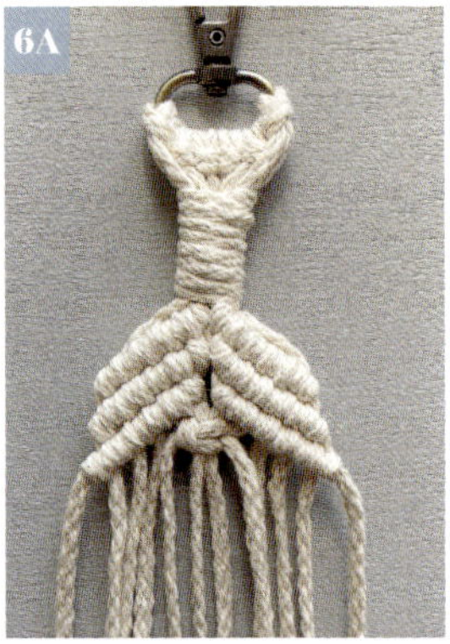
6A

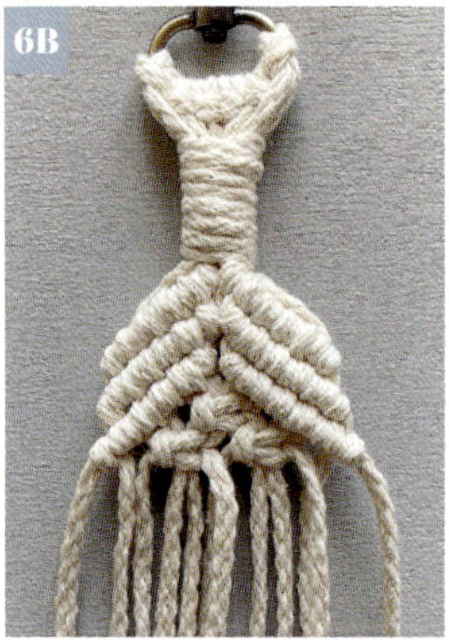
6B

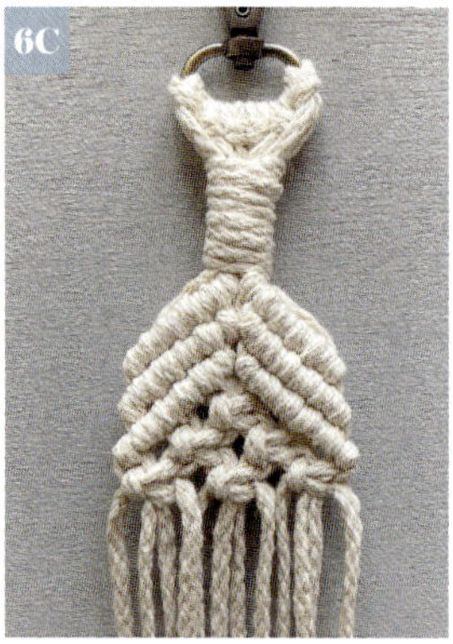
6C

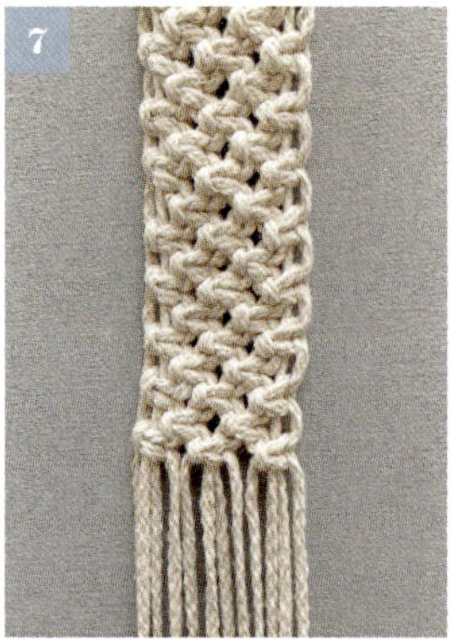
7

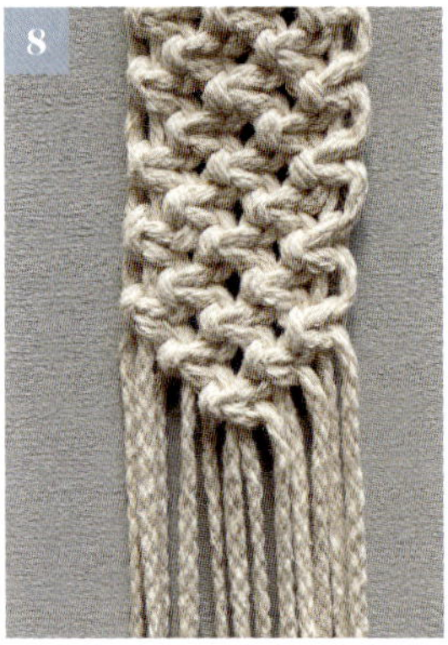
8

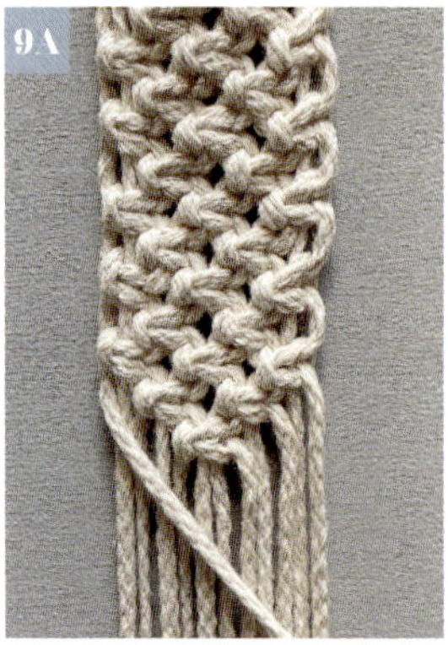
9A

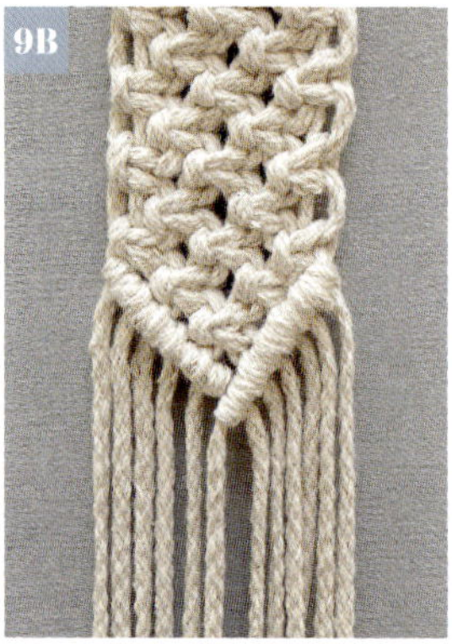
9B

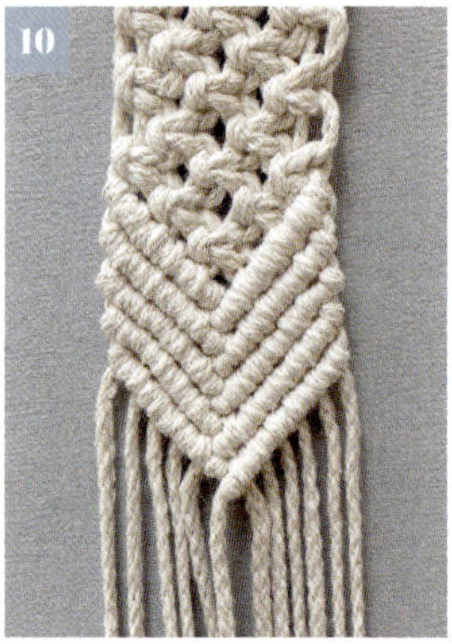
10

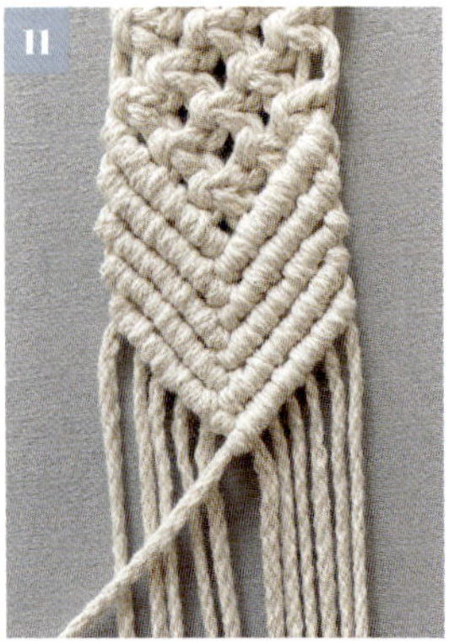
11

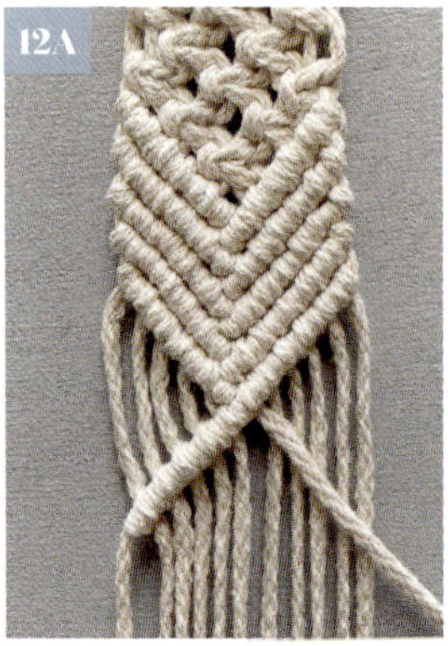
12A

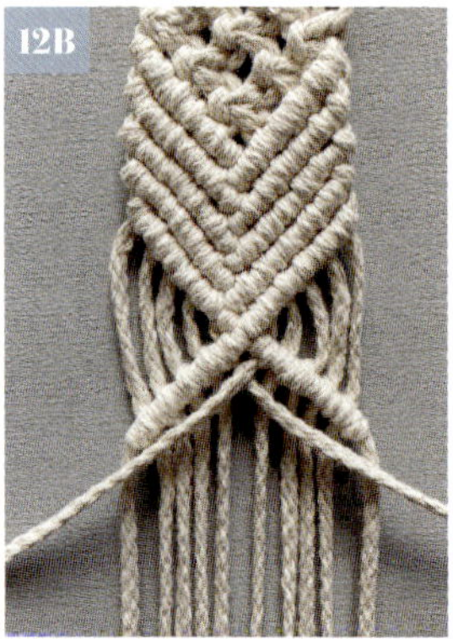
12B

12. Mit dem sechsten Faden von rechts knüpfst du jetzt 5 Rippenknoten schräg nach rechts unten. Für die nächste Reihe Rippenknoten nimmst du die beiden mittigen Fäden. Damit die Reihen eng aneinander liegen, nimm den rechten mittigen Faden für die linke Reihe Rippenknoten und für die rechte Seite den linken mittigen Faden.

13. Insgesamt knotest du 5 Reihen Rippenknoten.

14. Anschließend knüpfst du wieder versetzte Kreuzknoten (Arbeitsschritte 6 + 7).

15. Knüpfe jetzt wieder eine Spitze mit den Kreuzknoten.

16. Mit den äußeren Fäden knotest du nun wieder 3 Reihen Rippenknoten. Wichtig, die Mitte wird bei diesen Reihen nicht geschlossen!

17. Anschließend ziehst du alle Fäden durch den Karabiner und trägst unmittelbar hinter dem Karabiner Heißkleber auf.

18. Drücke die Fäden fest auf den Kleber und trage nach Bedarf mehrere Schichten Kleber auf. Die Enden kannst du nun kurz abschneiden und ebenfalls verkleben.

19. Mit einem abschließenden Wickelknoten überdeckst du die Klebestellen.

TIPP

Du kannst den Kameragurt auch einfach als Taschengurt umfunktionieren.

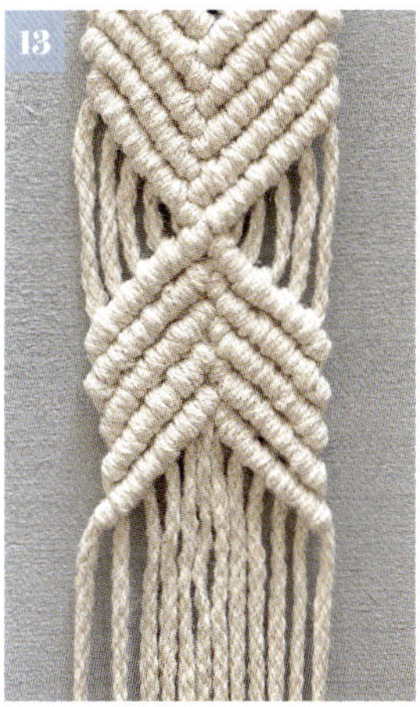
13

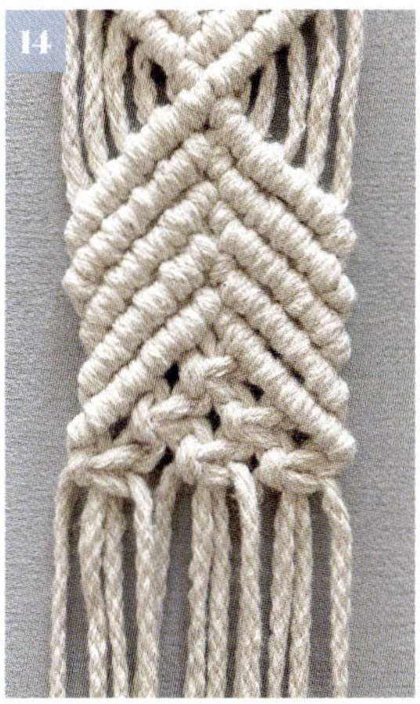
14

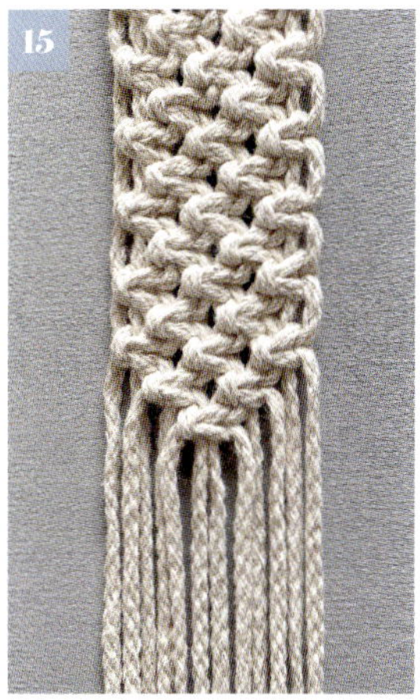
15

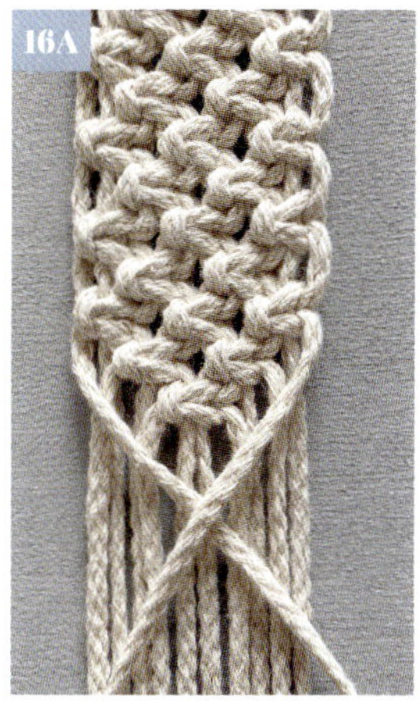
16A

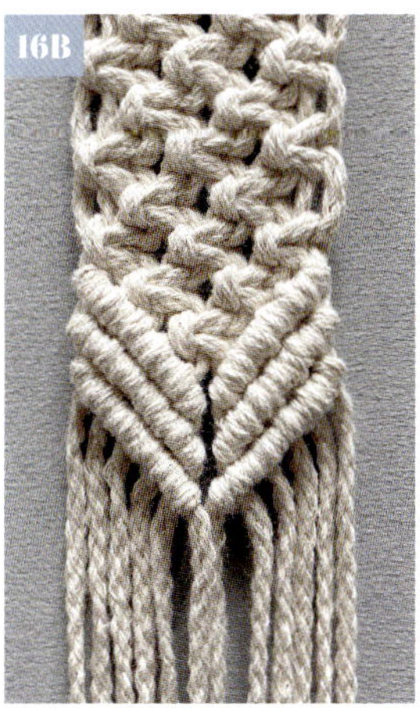
16B

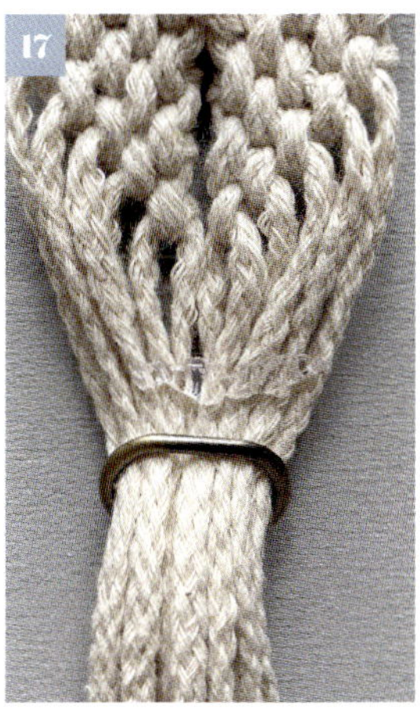
17

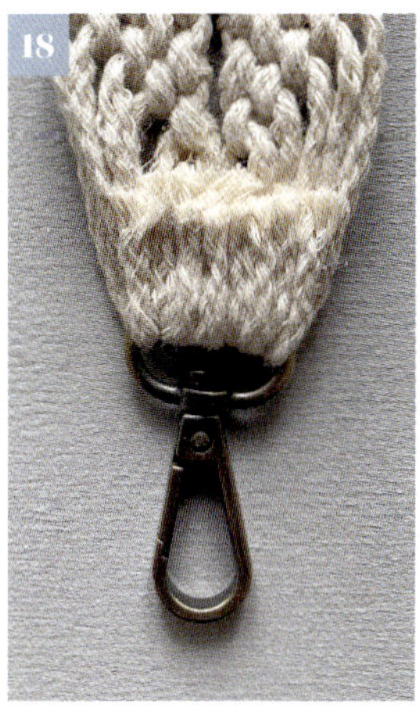
18

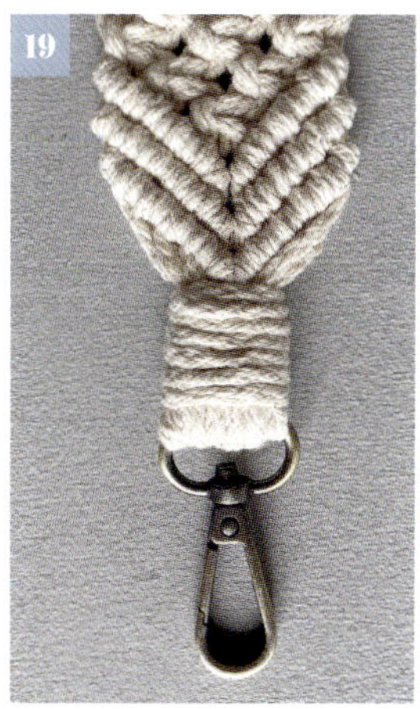
19

Brillenkette

mit Muscheln

Länge: 77 cm

MATERIAL

- 2 gewachste Fäden in Beige, ø 1 mm, 5 m lang
- 2 Brillenschlaufen
- 2 Kauri-Muscheln, 12 mm
- 2 Perlen in Weiß, 10 mm
- Feuerzeug

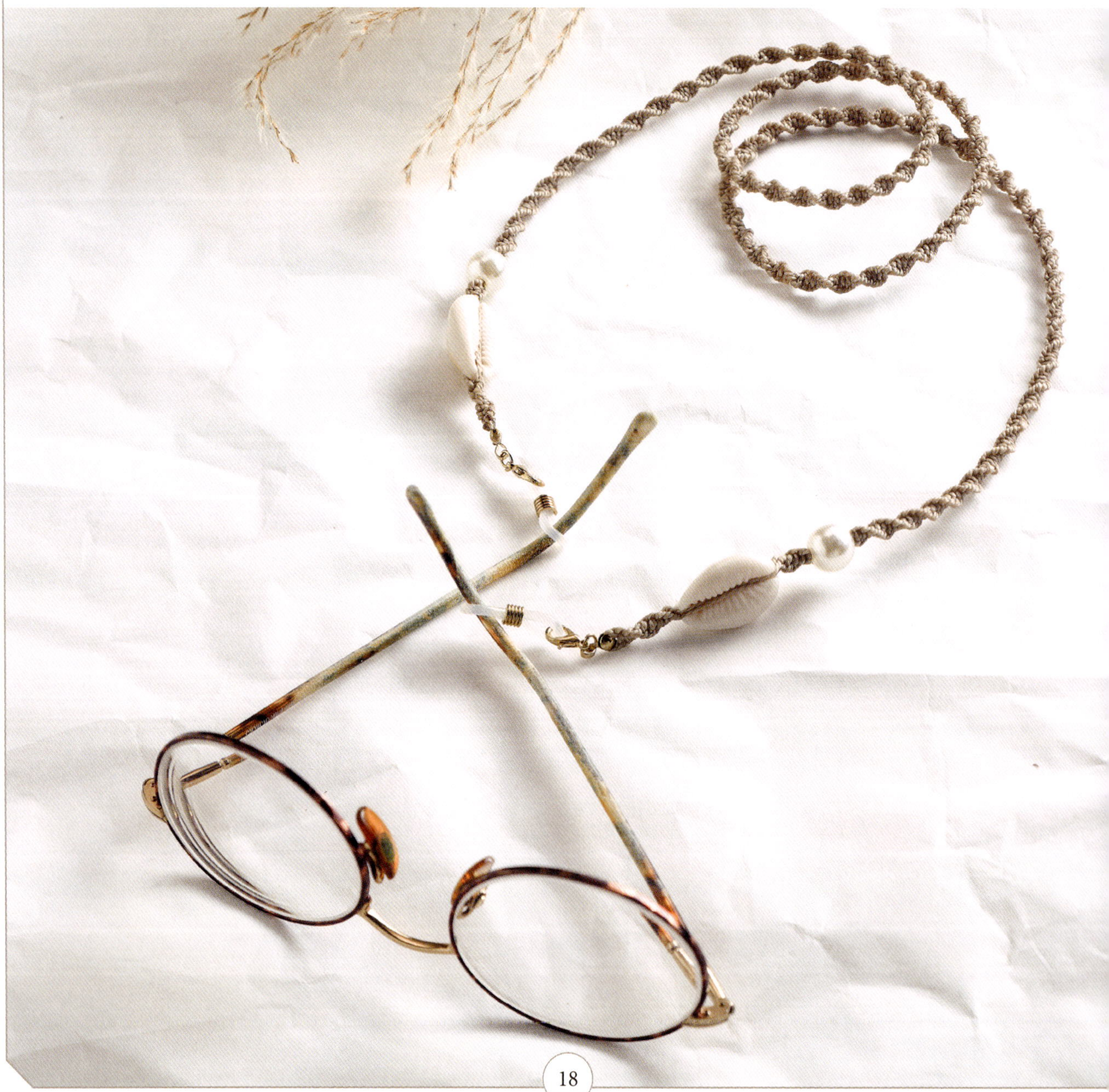

1. Lege das Garn in den Klipp der Brillenschlaufe. Die Innenlänge des Garns sollte bei ca. 78 cm sein. Die äußeren Fäden sind dementsprechend länger. Drücke den Klipp zu, damit die Fäden fest sind.

2. Mit den beiden äußeren Fäden knüpfst du insgesamt 10 Wellenknoten untereinander.

3. Danach fädelst du die Muschel auf. Die beiden mittigen Fäden ziehst du dabei durch die Löcher der Muschel und die beiden Arbeitsfäden gehen oberhalb der Muschel durch.

4. Nun knüpfst du erneut 6 Wellenknoten untereinander.

5. Anschließend ziehst du alle 4 Fäden durch die Perle.

6. Knüpfe weiter Wellenknoten, bis unten ca. 16 cm von den Fäden übrigbleiben.

7. Es folgen erneut 1 Perle, 6 Wellenknoten, 1 Muschel und anschließend 10 Wellenknoten (Arbeitsschritte 3-5).

8. Die mittleren Endstränge werden nun mit einem Feuerzeug verschmolzen.

9. Ziehe die beiden äußeren Fäden durch den zweiten Klipp und verschmelze auch hier die Enden mit einem Feuerzeug.

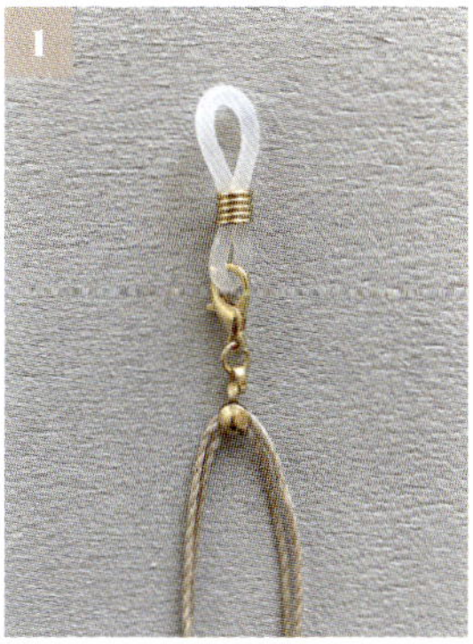
1

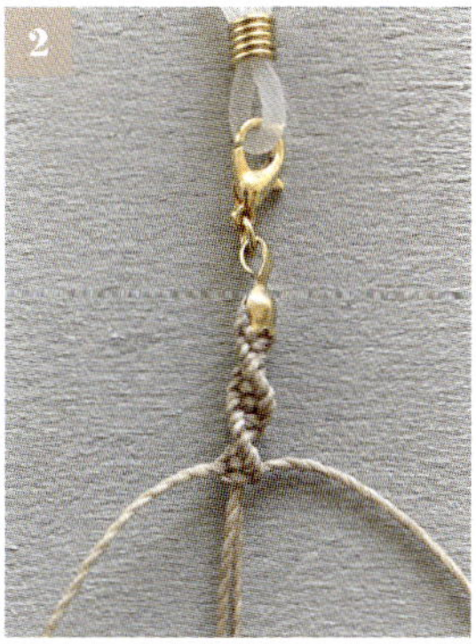
2

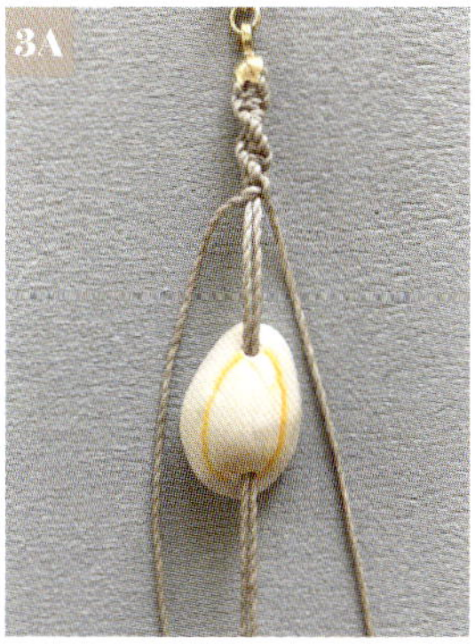
3A

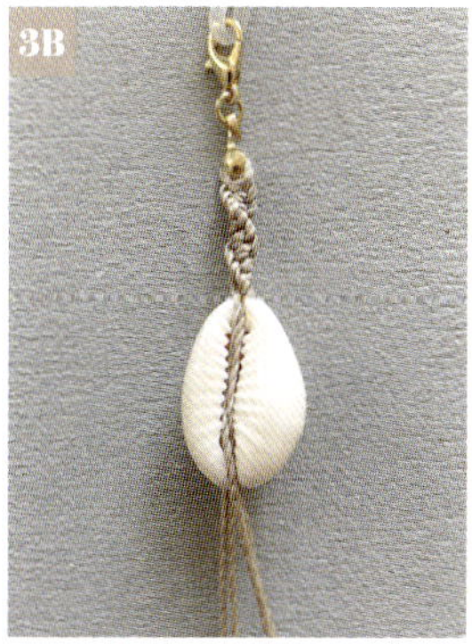
3B

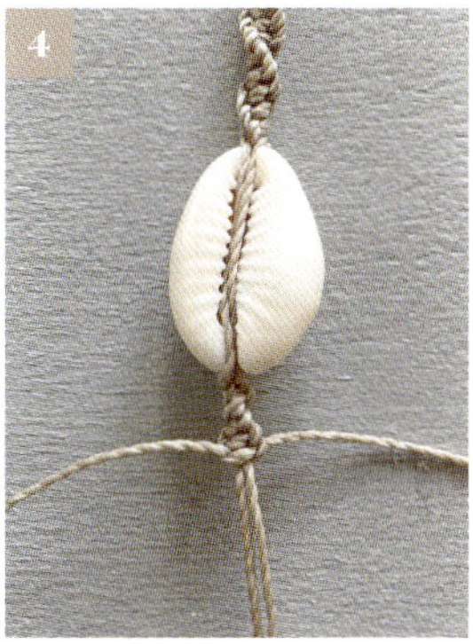
4

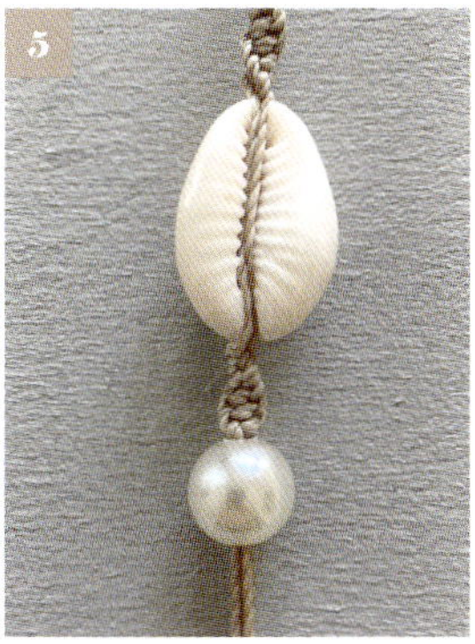
5

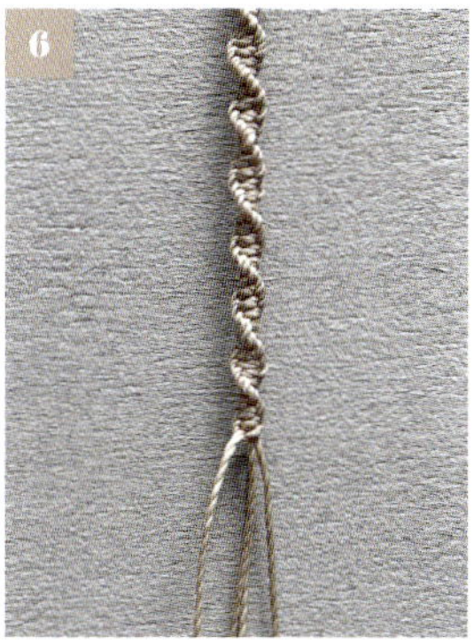
6

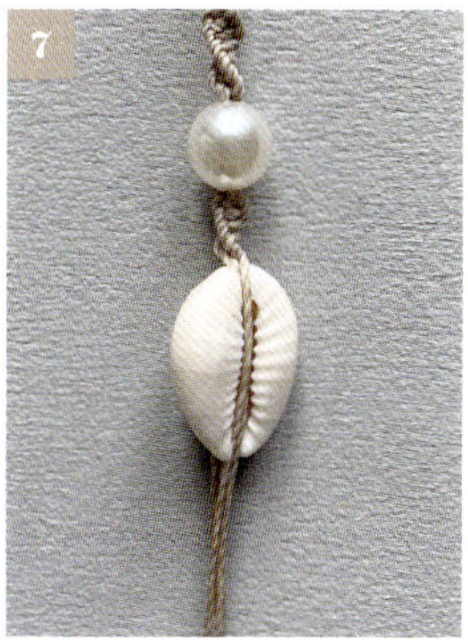
7

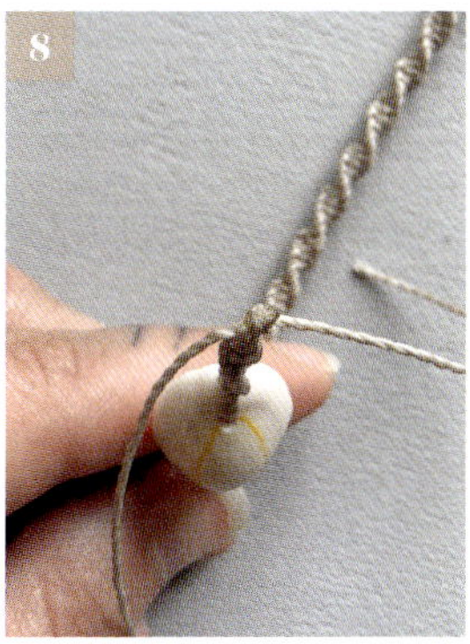
8

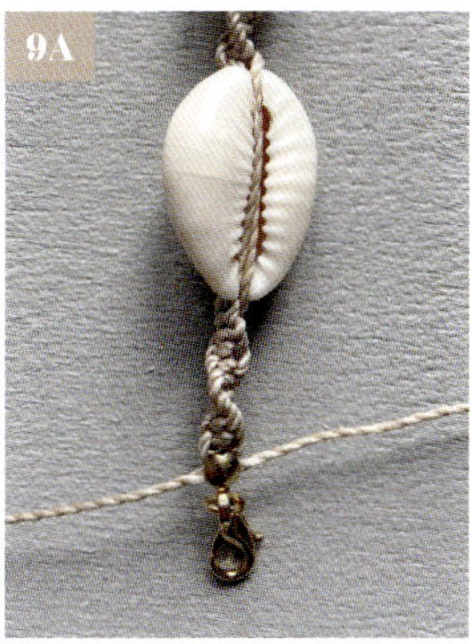
9A

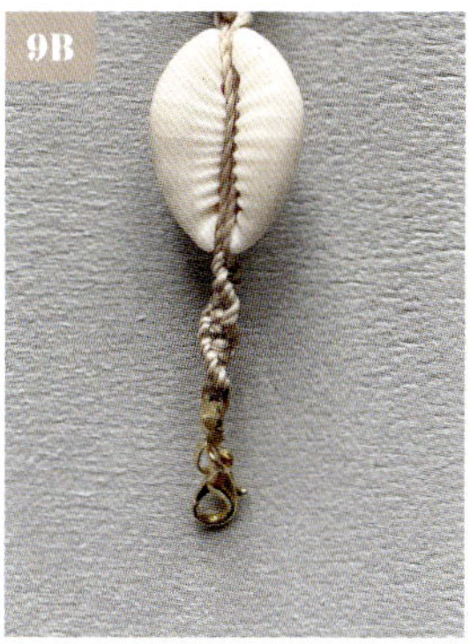
9B

TIPP

Für noch mehr Sommer-Feeling kannst du ganz individuell noch mehr Muscheln und Perlen auffädeln.

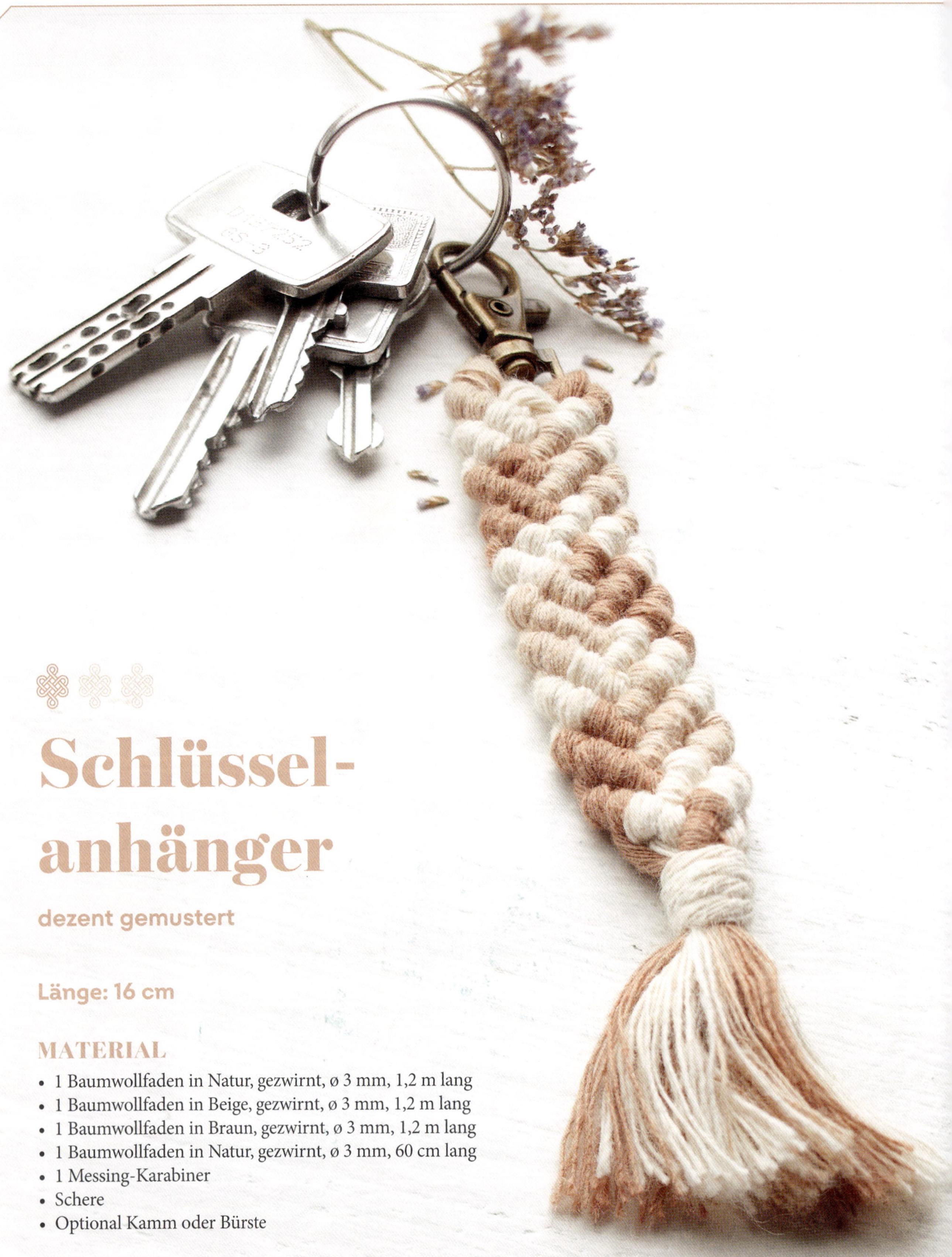

Schlüssel-anhänger

dezent gemustert

Länge: 16 cm

MATERIAL

- 1 Baumwollfaden in Natur, gezwirnt, ø 3 mm, 1,2 m lang
- 1 Baumwollfaden in Beige, gezwirnt, ø 3 mm, 1,2 m lang
- 1 Baumwollfaden in Braun, gezwirnt, ø 3 mm, 1,2 m lang
- 1 Baumwollfaden in Natur, gezwirnt, ø 3 mm, 60 cm lang
- 1 Messing-Karabiner
- Schere
- Optional Kamm oder Bürste

1. Befestige alle 3 langen Fäden mit dem Ankerknoten am Karabiner.

2. Nimm den linken äußeren Strang, lege ihn schräg nach rechts und knote 2 Rippenknoten bis zur Mitte.

3. Anschließend nimmst du den rechten Faden und knüpfst ebenfalls 2 Rippenknoten schräg nach links.

4. Verbinde die Mitte mit 1 weiteren Rippenknoten. Hierbei ist der rechte Faden der Trägerfaden, um den du den linken Faden knüpfst.

5. Nun wiederholst du die Arbeitsschritte 2–4, bis du deine Wunschlänge erreicht hast. Es sollten mindestens 6 cm der Fäden unten überbleiben.

6. Unterhalb der Rippenknoten wird jetzt 1 Wickelknoten befestigt. Zum Schluss werden die Garnenden ausgekämmt.

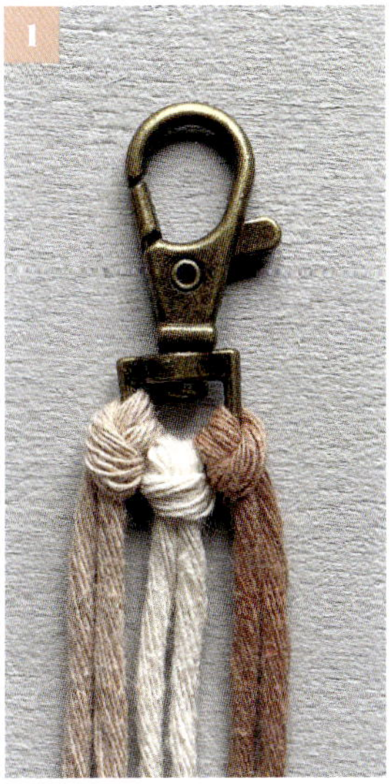

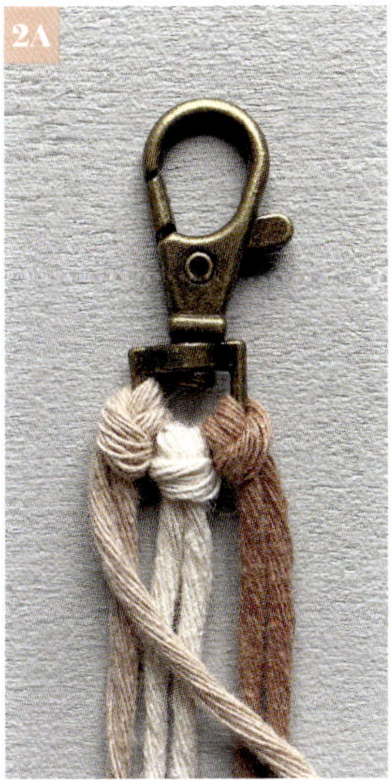

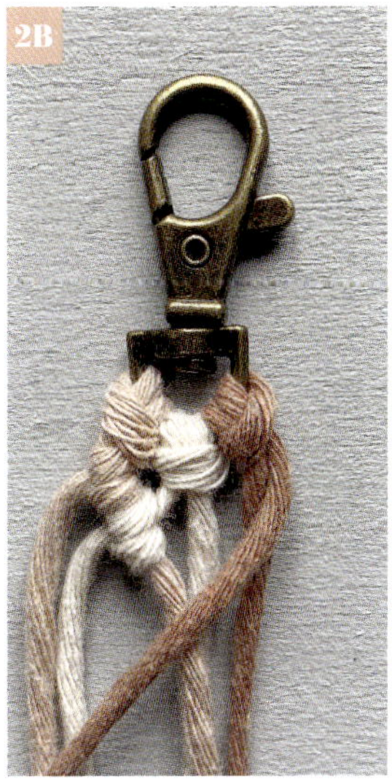

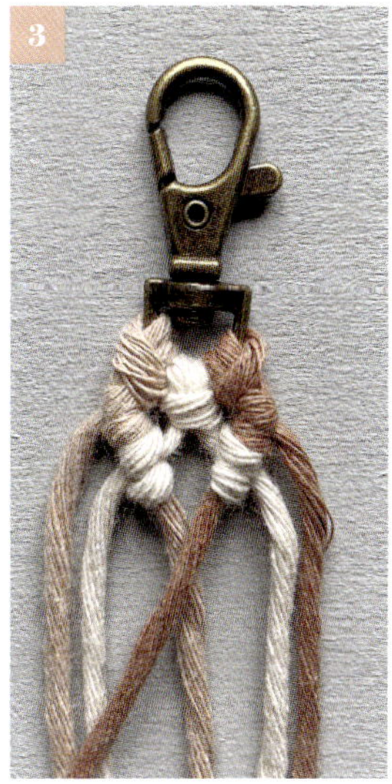

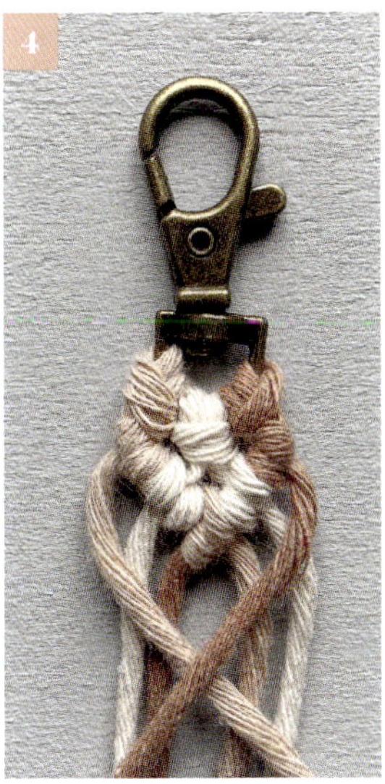

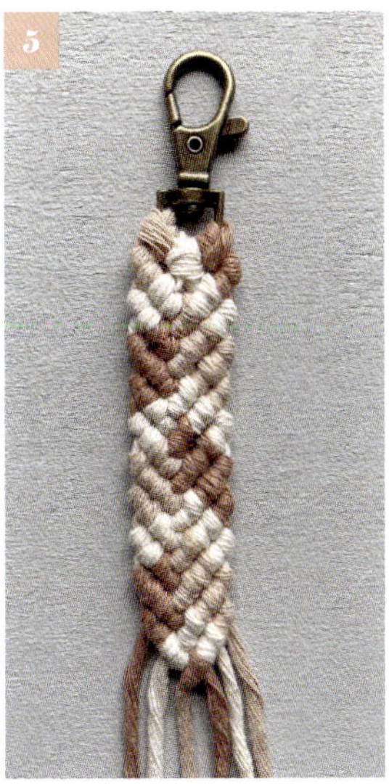

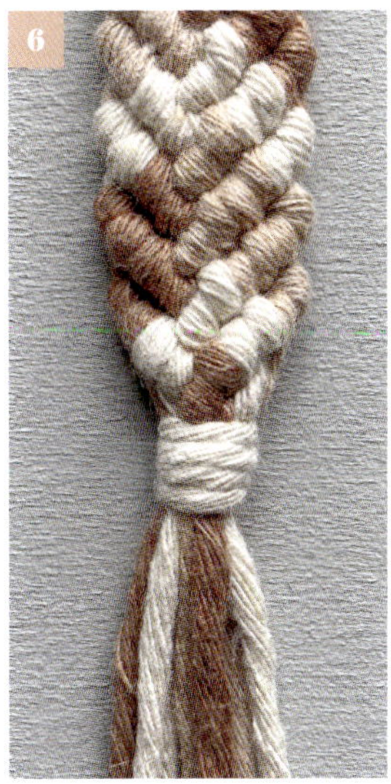

TIPP
Das Auskämmen der Fransen gelingt dir leichter mit einer Tierhaarbürste.

Taillengürtel

mit Holzring

Länge: 125 cm

MATERIAL

- 5 Baumwollfäden in Natur, geflochten, ø 3 mm, 7,5 m lang
- Holzring, ø 6 cm
- 6 Holzperlen, ø 12 mm
- Schere
- Heißkleber

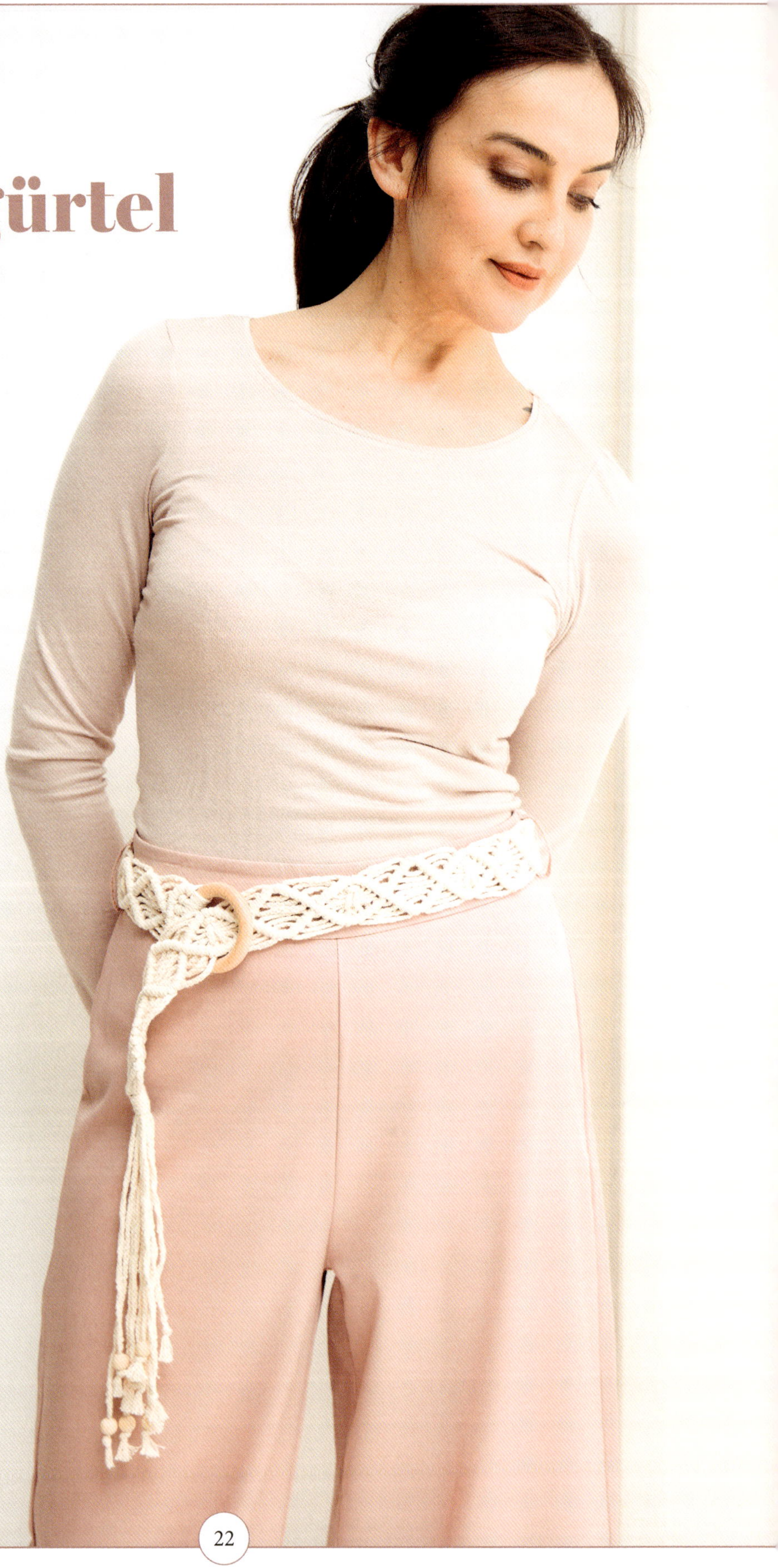

1. Befestige alle 5 Fäden mit dem Ankerknoten am Holzring.

2. Mit dem linken äußeren Faden knüpfst du 1 Reihe Rippenknoten unterhalb des Holzrings.

3. Nimm die beiden mittigen Fäden und lege den rechten Faden schräg nach links. Der linke mittlere Faden wird schräg nach rechts gelegt.

4. Knüpfe auf beiden Seiten je 4 Rippenknoten. Danach knüpfst du 4 Rippenknoten schräg zur Mitte.

5. Verbinde die Mitte ebenfalls mit 1 Rippenknoten. Hierbei ist der rechte Faden der Trägerfaden und der linke dient als Arbeitsfaden.

6. Knüpfe erneut schräg auf beiden Seiten 4 Rippenknoten.

7. In der Mitte knüpfst du jetzt 1 Kreuzknoten.

8. Anschließend knüpfst du wieder schräg zur Mitte je 4 Rippenknoten. Auch die Mitte wird wieder mit 1 Rippenknoten geschlossen. Wiederhole das Muster der Arbeitsschritte 3-8, bis der Gürtel deine Wunschlänge erreicht hat. Die kürzesten Fäden müssen für die letzten Schritte mindestens eine Länge von 40 cm haben.

9. Danach knüpfst du auf beiden Seiten 4 Rippenknoten und verbindest auch die Mitte mit 1 Rippenknoten. Wiederhole den Schritt mit 1 weiteren Reihe Rippenknoten.

10. Nun folgt 1 Wickelknoten unterhalb der Rippenknoten.

11. Zuletzt werden die Perlen aufgefädelt und die Enden mit einem einfachen Knoten geschlossen und abgeschnitten.

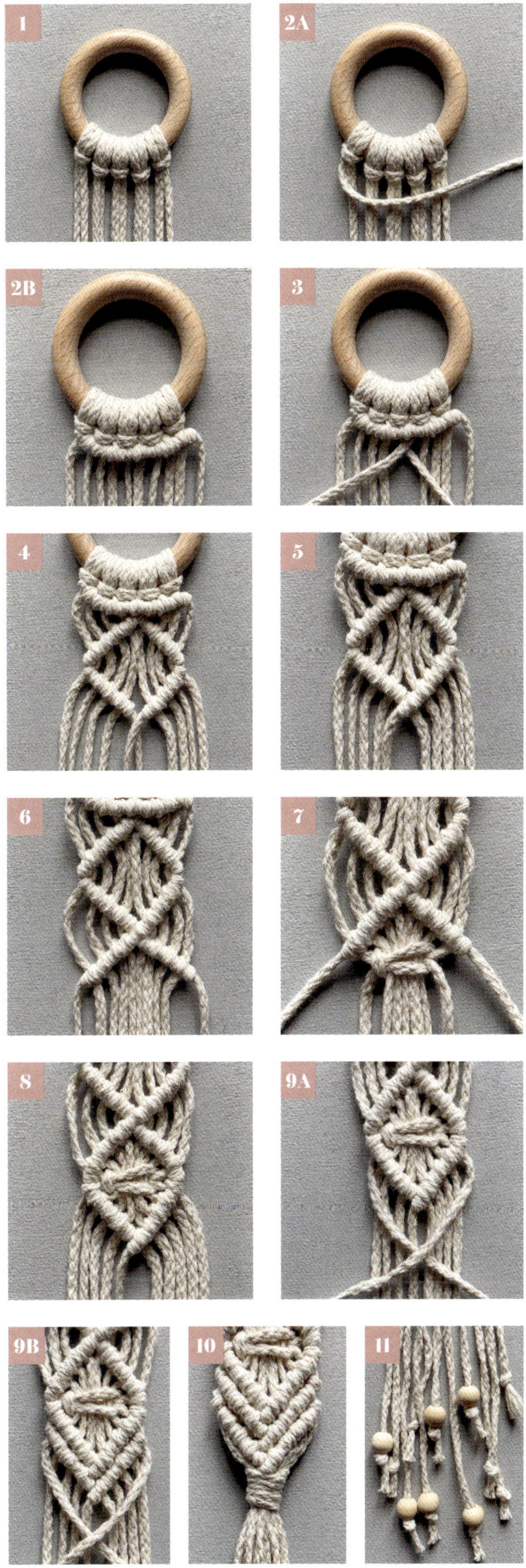

TIPP

Du Kannst den Holzring auch durch eine Gürtelschnalle ersetzen und das Muster verlängern, wie z.B. beim Boho-Gürtel auf Seite 41.

Schlüsselbund zum Umhängen

echt praktisch

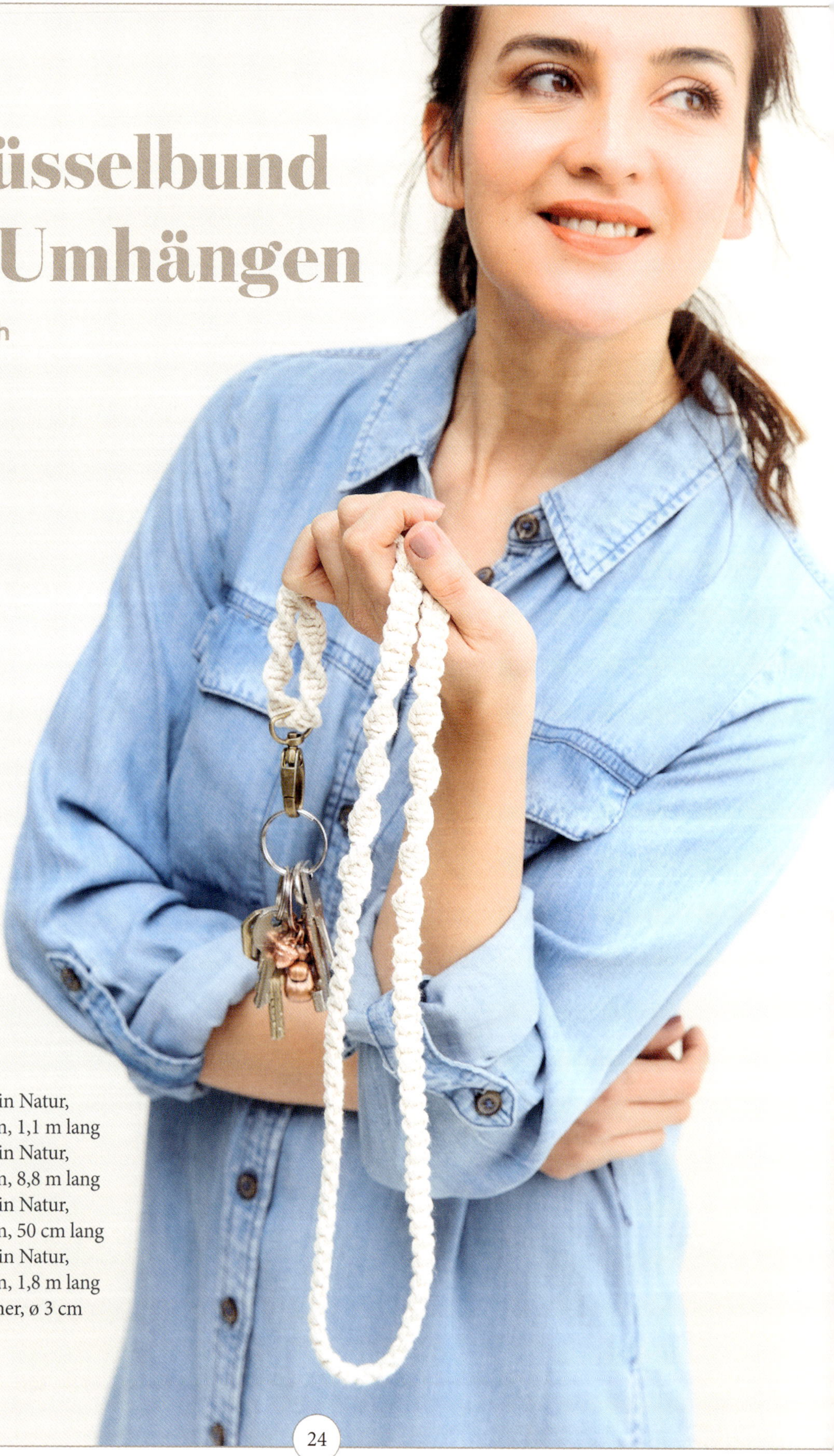

Länge: 56 cm

MATERIAL

- 2 Baumwollfäden in Natur, geflochten, ø 3 mm, 1,1 m lang
- 1 Baumwollfaden in Natur, geflochten, ø 3 mm, 8,8 m lang
- 1 Baumwollfaden in Natur, geflochten, ø 3 mm, 50 cm lang
- 1 Baumwollfaden in Natur, geflochten, ø 3 mm, 1,8 m lang
- 1 Messing-Karabiner, ø 3 cm
- Schere
- Heißkleber

1. Lege die beiden 1,1 m langen Fäden nebeneinander und befestige nach 12 cm 1 Kreuzknoten mit dem 8,8 m langen Faden.

2. Knüpfe 10 cm lang Kreuzknoten untereinander.

3. Danach folgen Wellenknoten, ebenfalls in einer Länge von 10 cm.

4. Nun knüpfst du Kreuzknoten in einer Länge von 43 cm. Danach folgen 10 cm Wellenknoten und 10 cm Kreuzknoten.

5. Jetzt ziehst du die beiden äußeren Fäden durch die Kreuzknoten zurück. Die Enden der durchgezogenen Fäden kannst du bündig abschneiden.

6. Lege die beiden geknüpften Reihen nebeneinander und befestige über die 4 Fäden 1 Wickelknoten in einer Länge von 3 cm.

7. Ziehe den Karabiner durch die Fäden und fixiere die Enden der Fäden mit Heißkleber.

8. Nimm den 1,8 m langen Faden und knote Wellenknoten über die beiden mittleren Fäden.

9. Ziehe auch hier die Fäden zurück durch die Wellenknoten. Die Enden kannst du mit Heißkleber fixieren.

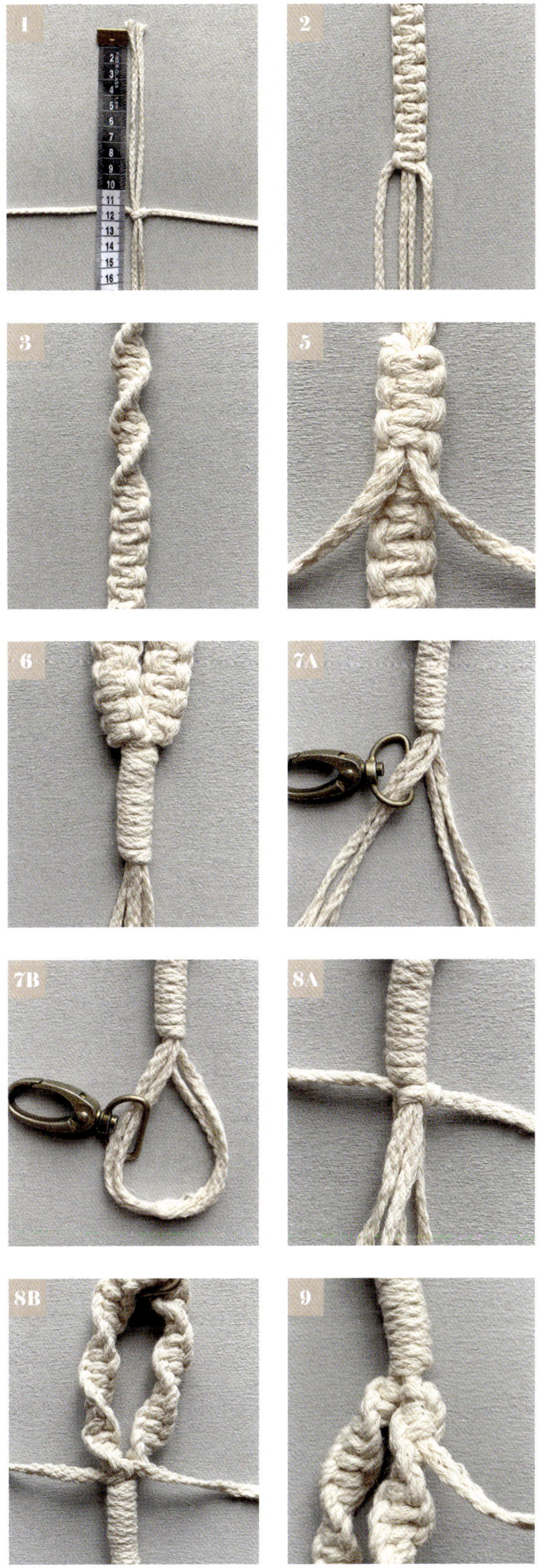

TIPP

Setze Akzente, indem du den Wickel- und Wellenknoten mit farbigem Garn oder Glitzergarn knüpfst.

Blumenanhänger

mit Perlen

Länge: 14 cm

MATERIAL

- 1 Baumwollfaden in Natur, geflochten, ø 3 mm, 1,2 m lang
- 1 Baumwollfaden in Beige, geflochten, ø 3 mm, 1,2 m lang
- 1 Baumwollfaden in Natur, geflochten, ø 3 mm, 40 cm lang
- 1 Karabiner in Messing-Gold
- 2 Perlen in Weiß, ø 1 cm
- Schere
- Nadel
- Faden in Weiß
- Kamm oder Bürste

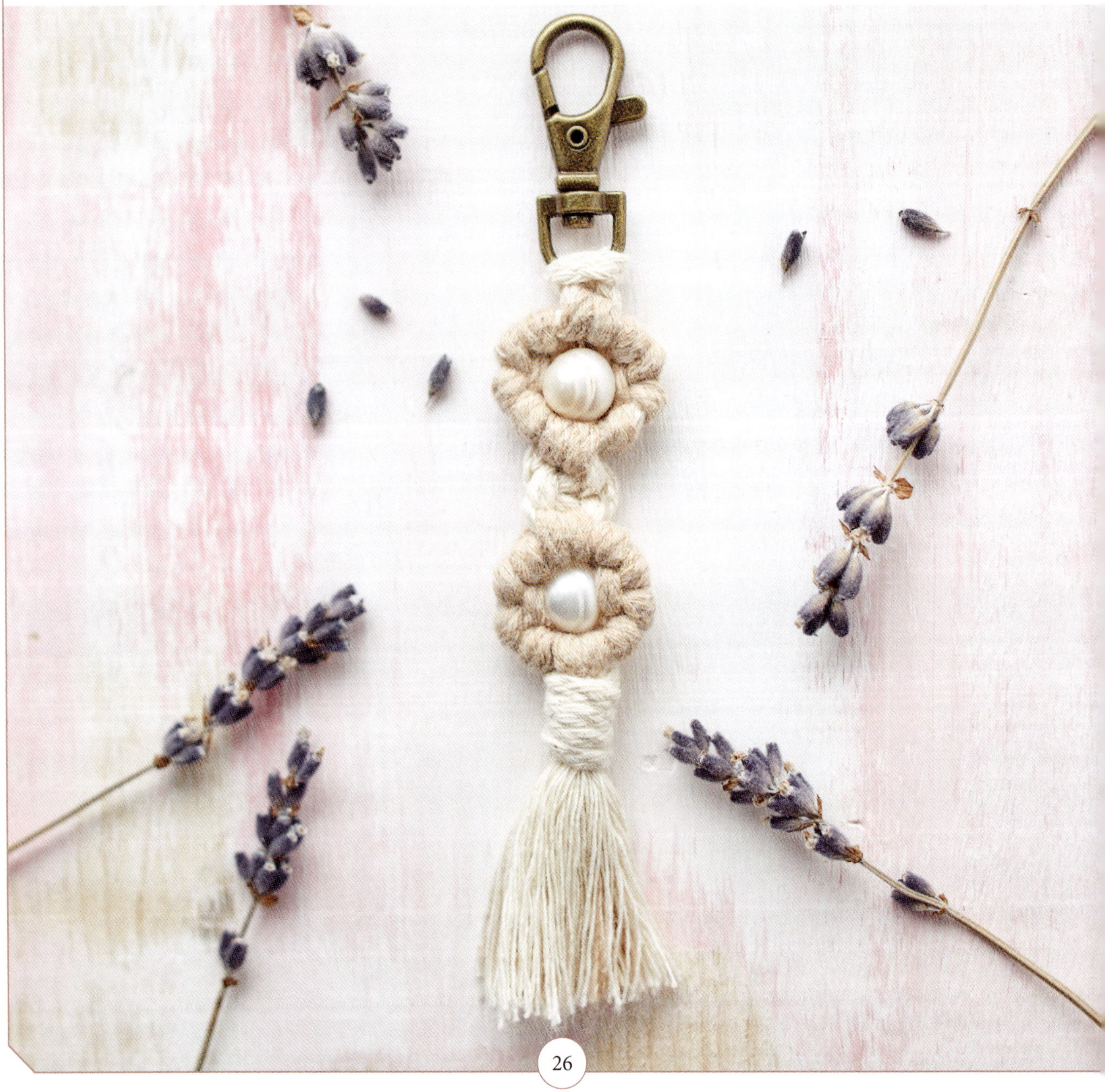

1. Befestige das 1,2 m lange naturfarbene Garn mit dem Ankerknoten am Karabiner.

2. Lege mit den beiden Fäden eine Schlaufe, sodass die Fäden mittig übereinander liegen.

3. Nimm das beigefarbene Garn und befestige es mit 1 Ankerknoten von hinten über den beiden hellen Fäden.

4. Nun ziehst du die beiden hellen Fäden nach links und rechts fest, damit das Garn wieder direkt unterhalb vom Karabiner liegt.

5. Knote mit dem beigen Faden links 1 Rippenknoten über das naturfarbene Garn. Wiederhole diesen Schritt auch auf der rechten Seite.

6. Anschließend nimmst du das helle Garn und legst es zur Mitte. Knote erneut 1 Rippenknoten mit dem beigen Faden. Hierbei sollte eine Kurve entstehen. Wiederhole diesen Schritt ebenfalls auf der rechten Seite.

7. Die hellen Fäden werden nun erneut mit einer Schlaufe zurechtgelegt.

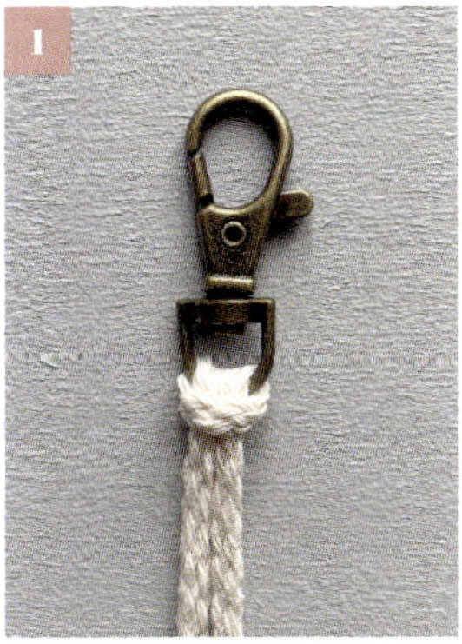
1

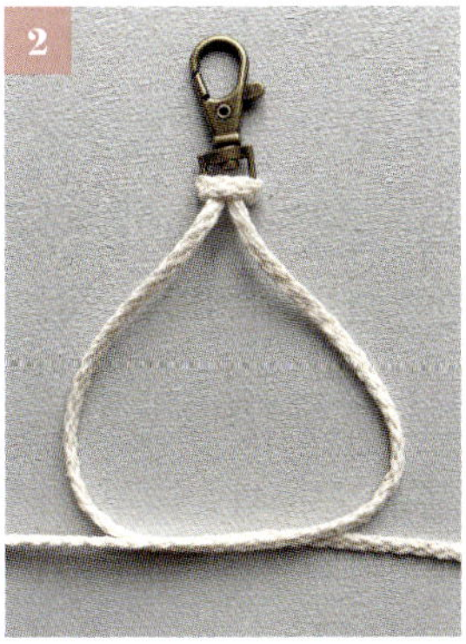
2

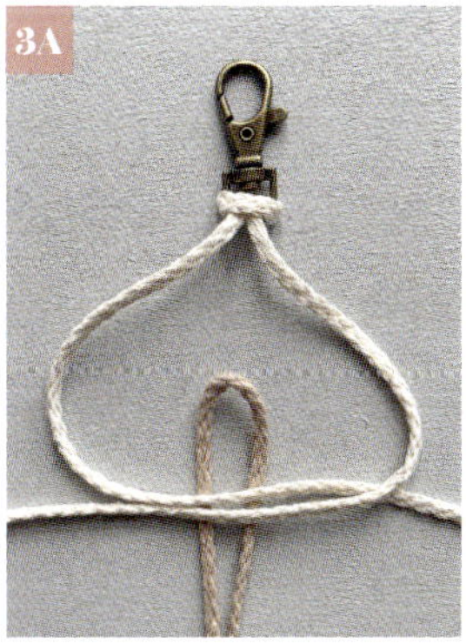
3A

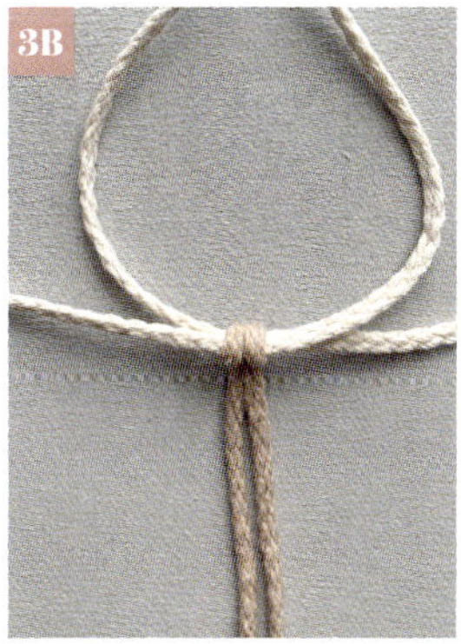
3B

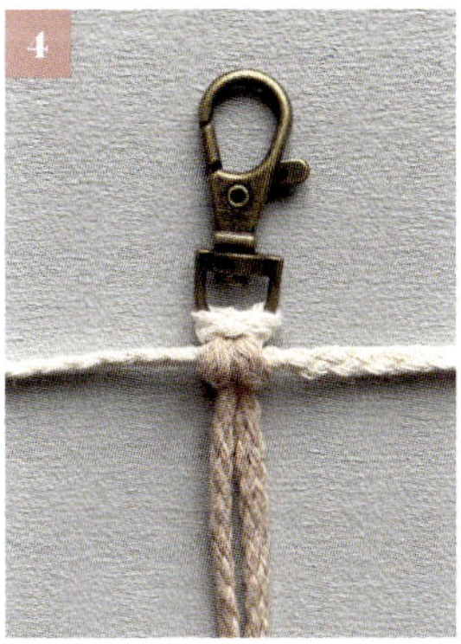
4

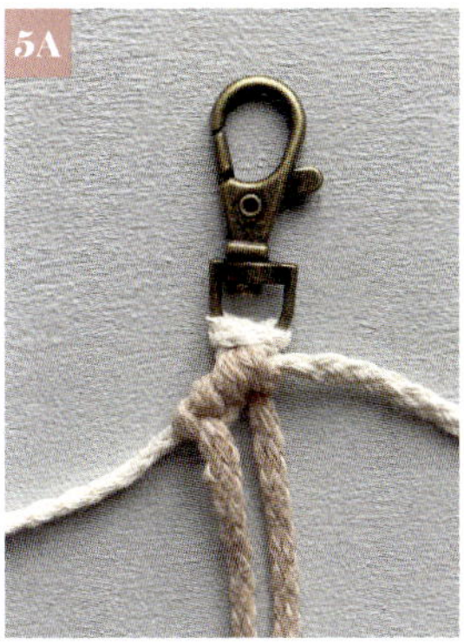
5A

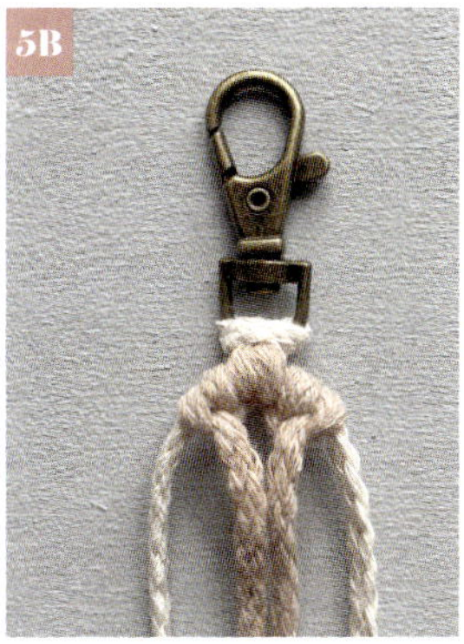
5B

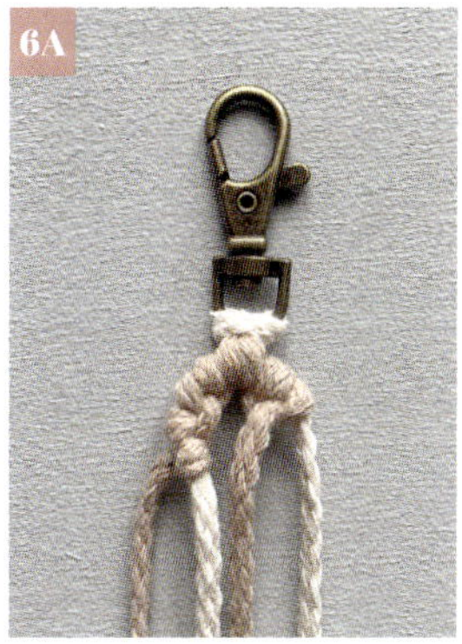
6A

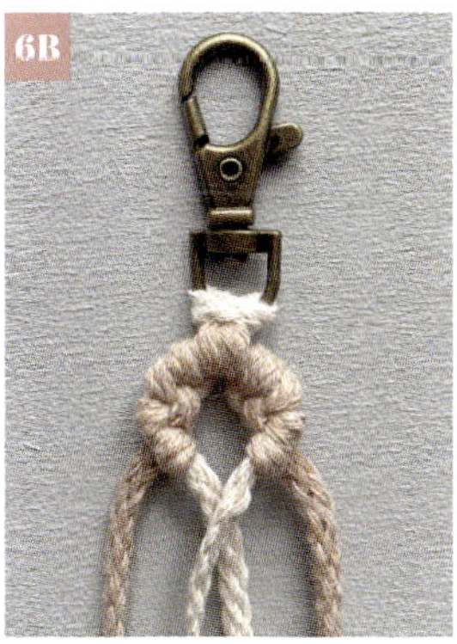
6B

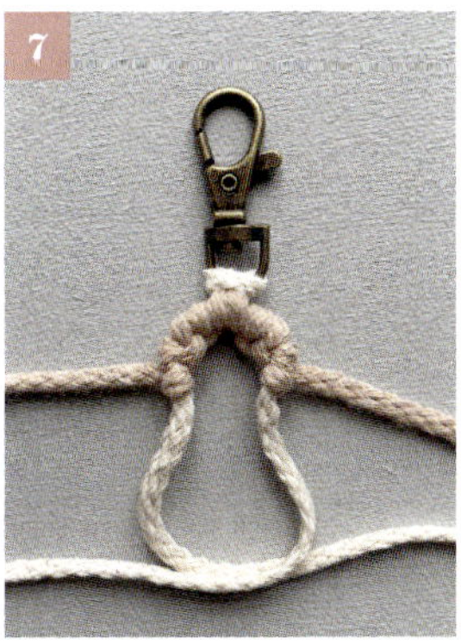
7

TIPP

Du kannst als Grundfarbe auch das beige Garn nehmen und dadurch helle Blumen knüpfen.

8. Ziehe von hinten nach vorne beide beigen Fäden über die hellen Stränge.

9. Jetzt kannst du die hellen Fäden wieder festziehen, sodass die erste Blume geschlossen ist.

10. Knote 1 Kreuzknoten unterhalb der Blume.

11. Danach wiederholst du die Arbeitsschritte 7 und 8.

12. Wiederhole die Arbeitsschritte 5-9 und knüpfe 1 weitere Blume

13. Abschließend folgt 1 Wickelknoten unterhalb der Blume. Die Fransen kannst du nun auskämmen und die Perlen in die Mitte der Blumen nähen.

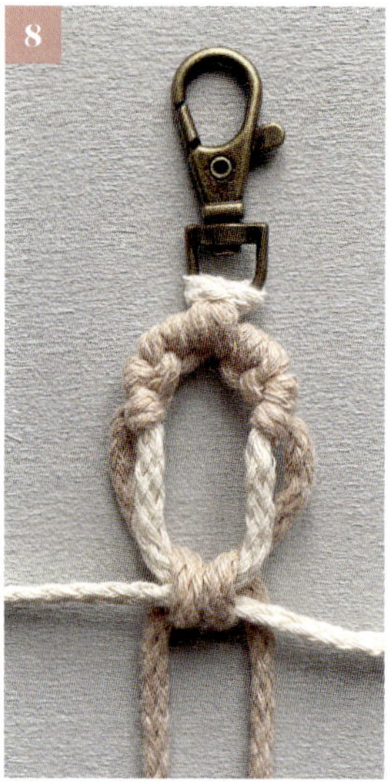

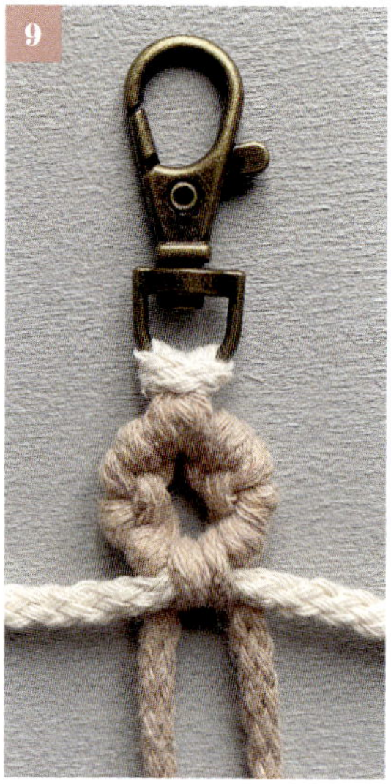

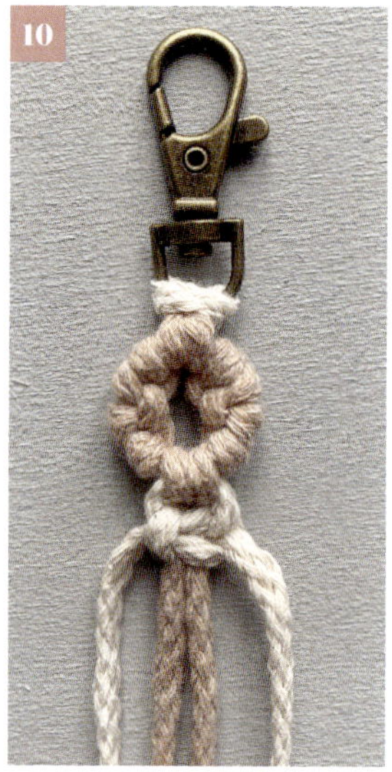

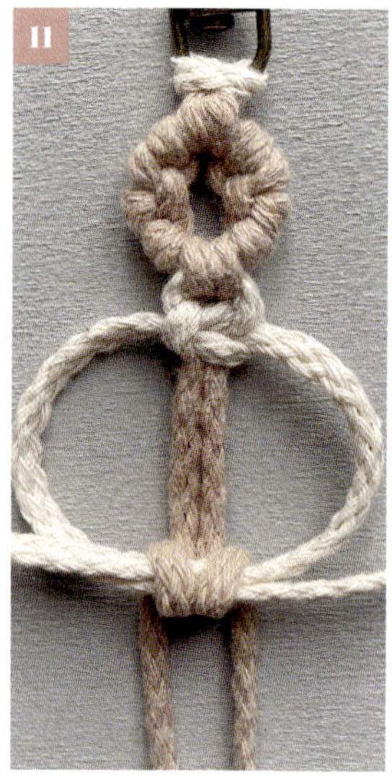

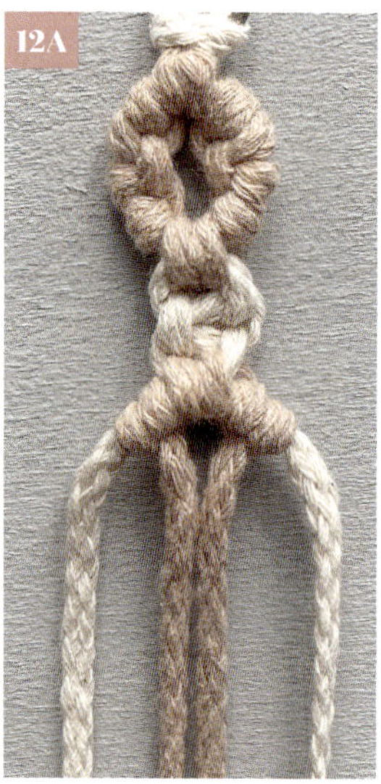

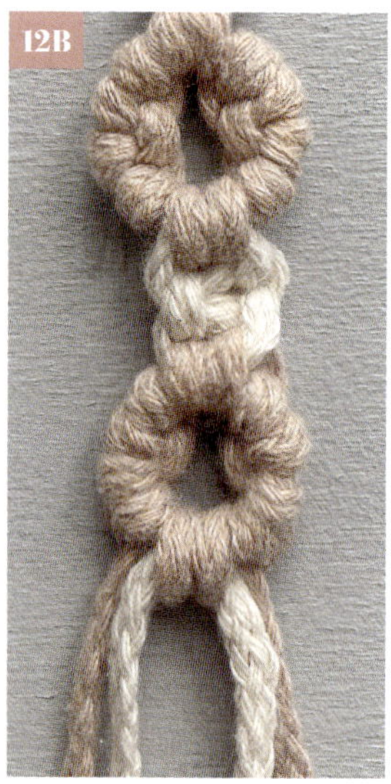

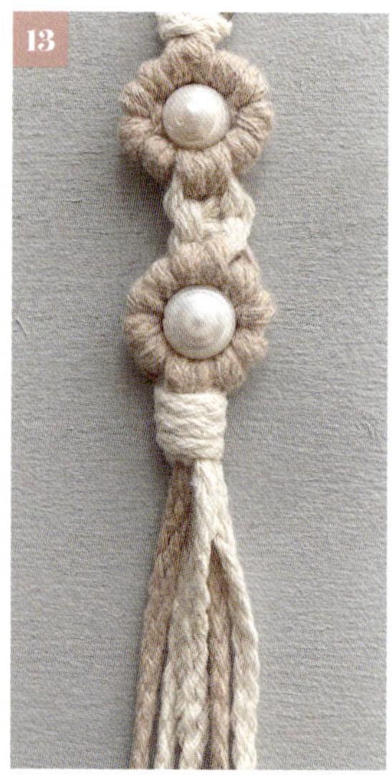

Breiter Taschengurt

mit goldenen Highlights

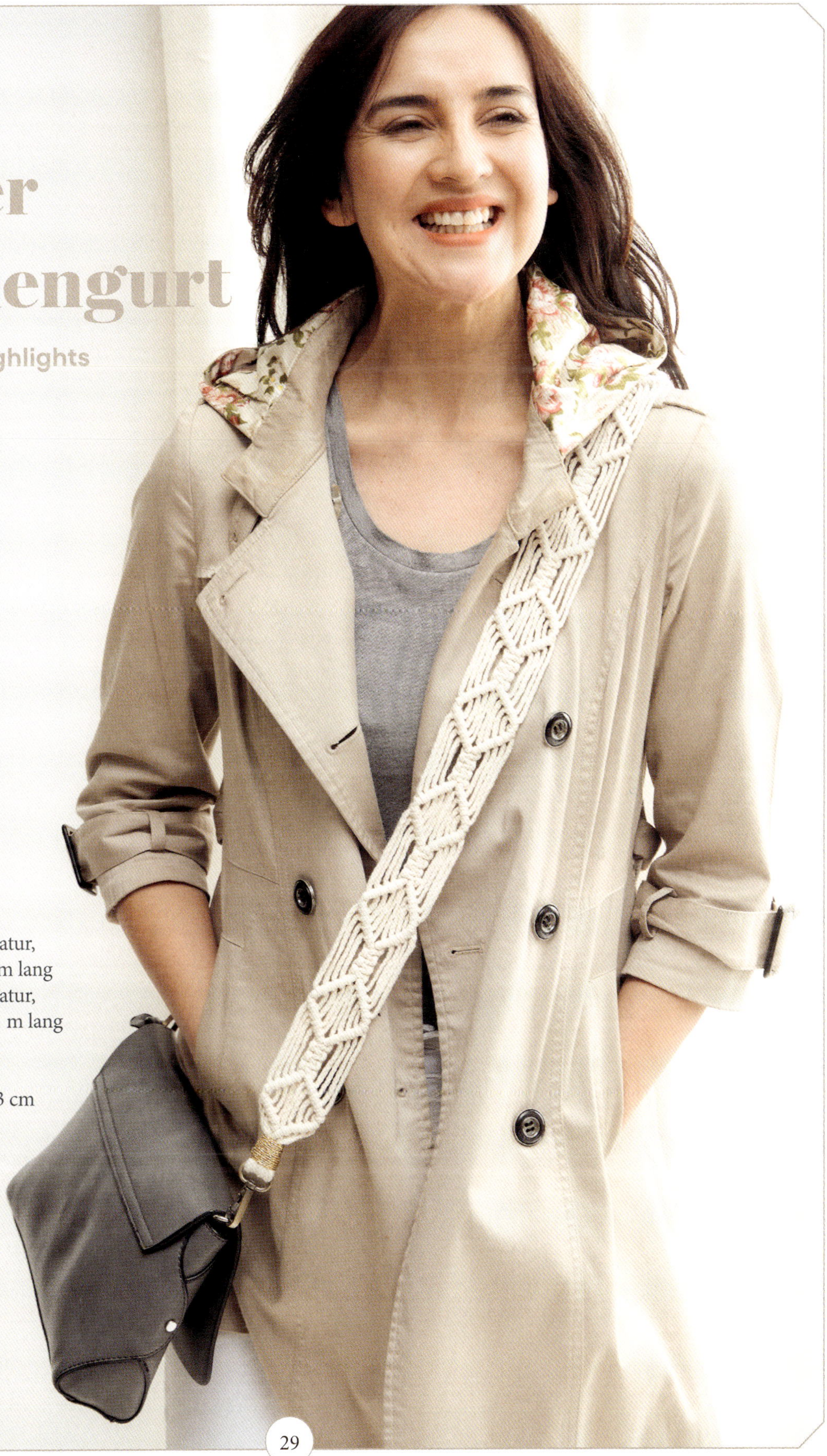

Länge: 130 cm

MATERIAL

- 4 Baumwollfäden in Natur, geflochten, ø 3 mm, 7 m lang
- 2 Baumwollfäden in Natur, geflochten, ø 3 mm, 11 m lang
- 2 Zierkordeln in Gold, ø 1,2 mm, 60 cm lang
- 2 Messing-Karabiner, 3 cm
- Schere
- Heißkleber

1. Ziehe alle naturfarbenen Fäden durch den Karabiner.

2. Befestige mit der goldenen Kordel 1 Wickelknoten à 2 cm Länge.

3. Lege dir die 4 langen Fäden mittig und auf jeder Seite je 4 der kürzeren zurecht.

4. Mit einem der langen Fäden (dient als Trägerfaden) knüpfst du nun 5 Rippenknoten schräg nach links. Der erste Rippenknoten entsteht dabei aus 2 langen Fäden.

5. Wiederhole den vorherigen Schritt auch auf der rechten Seite.

6. Nimm jetzt die äußeren Fäden (Trägerfäden) und lege sie schräg zur Mitte, sodass eine Raute entsteht.

7. Knüpfe auf beiden Seiten schräg 5 Rippenknoten.

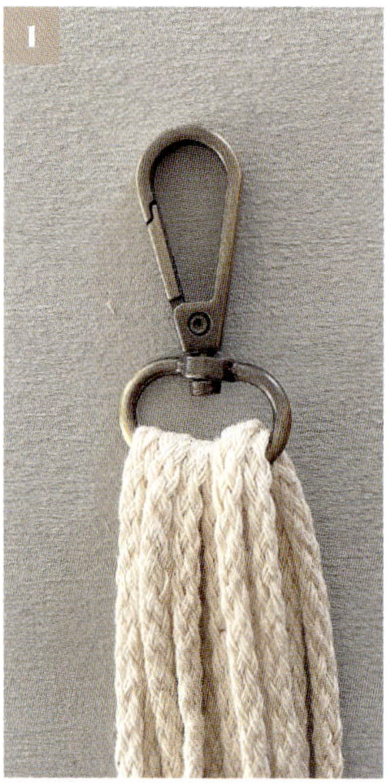

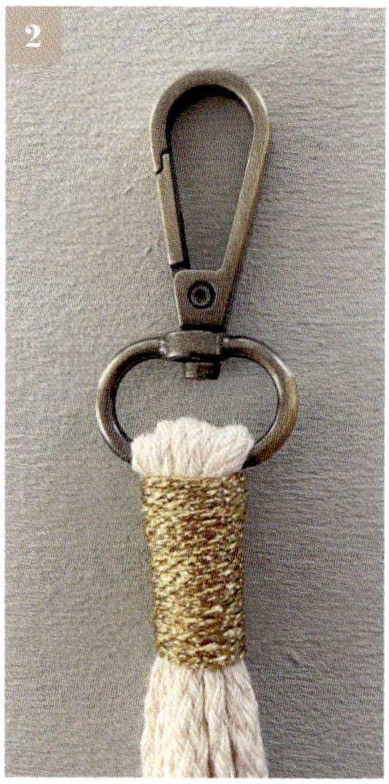

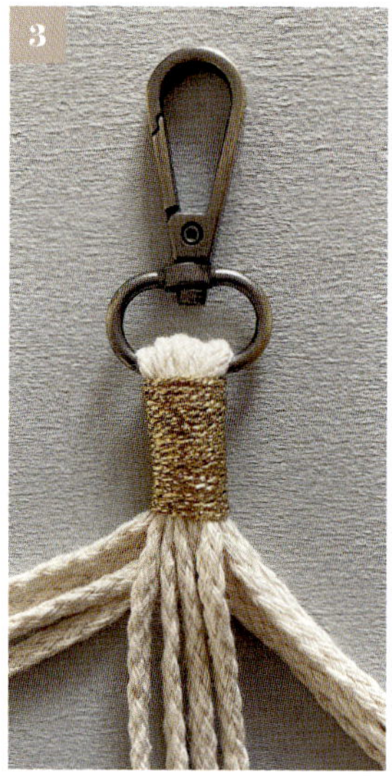

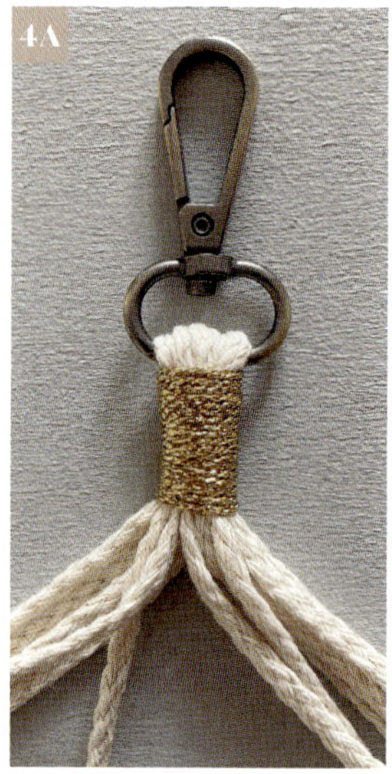

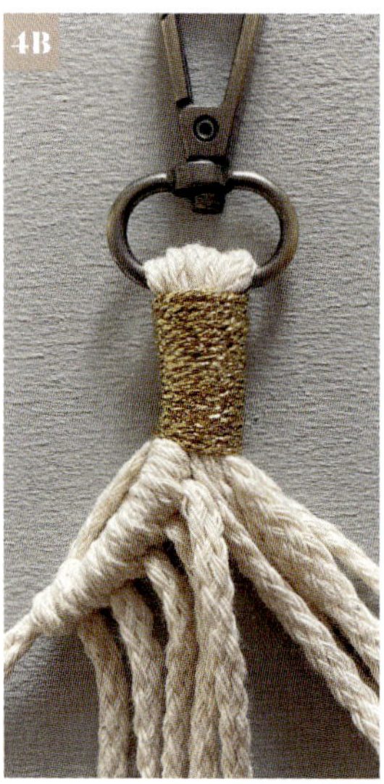

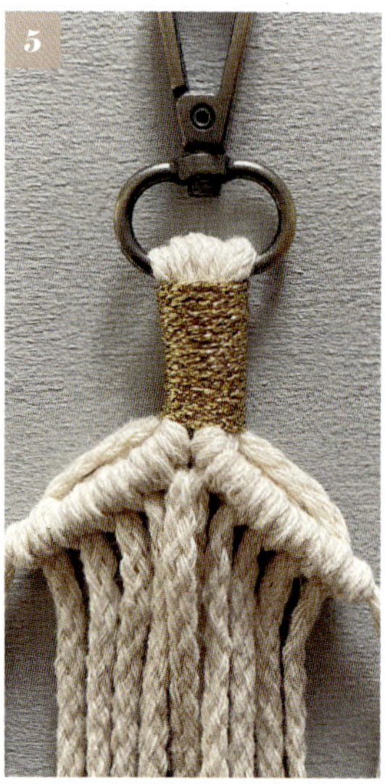

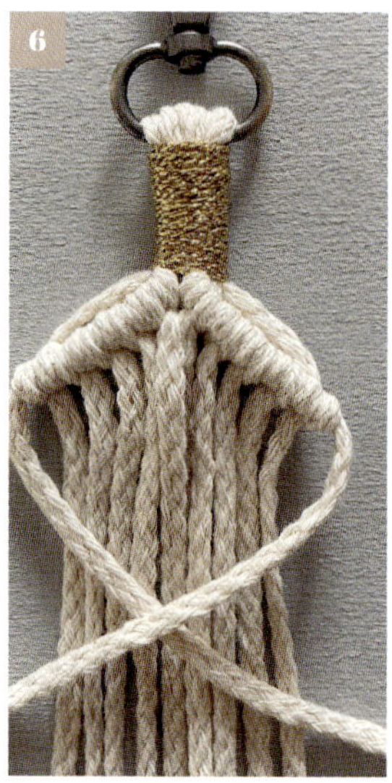

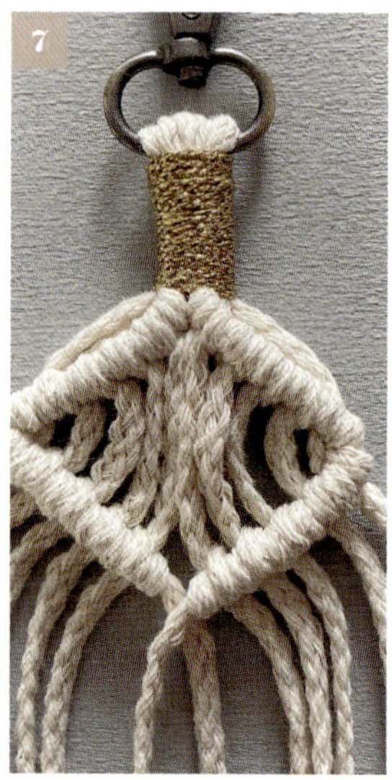

8. Nun folgen aus den 4 mittleren Fäden 3 Kreuzknoten untereinander.

9. Jetzt knüpfst du erneut 1 Raute, indem du die beiden mittleren Fäden (Trägerfäden) schräg zur Seite legst. Wiederhole die Arbeitsschritte 4-8, bis du eine Gesamtlänge von 1,16 m erreicht hast.

10. Drehe den Gurt auf die Rückseite und ziehe den Karabiner durch die Enden. Achte darauf, dass der Karabiner den gleichen Abstand (2 cm) zu den Rippeknoten hat wie die andere Seite des Gurtes.

11. Trage unmittelbar nach den Rippenknoten Heißkleber auf und drücke die Enden fest.

12. Abschließend befestigst du über der Klebestelle 1 Wickelknoten mit der goldenen Kordel.

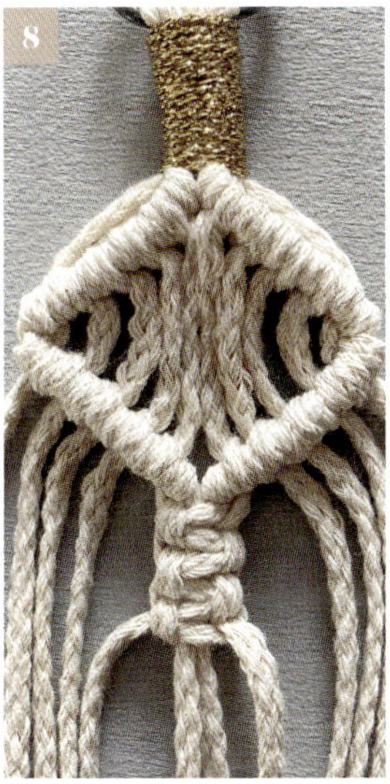

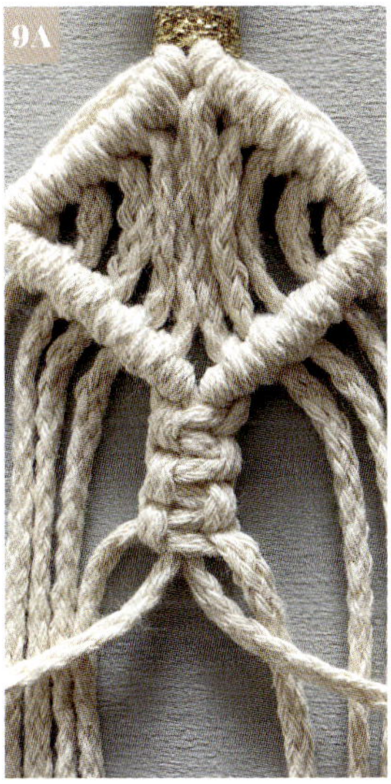

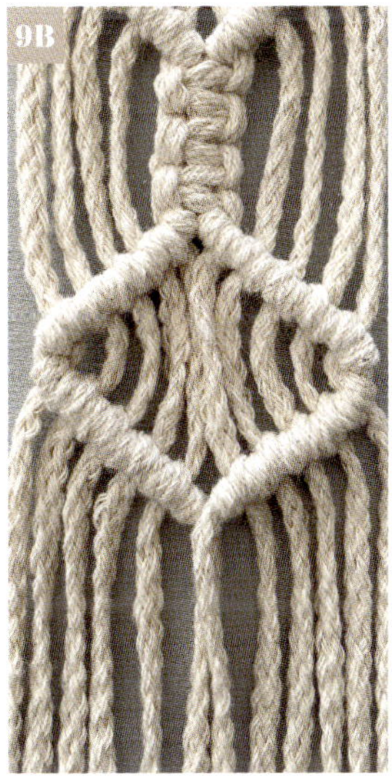

TIPP

Du kannst anstelle des Heißklebers auch Fransen am Ende des Gurtes machen, indem du die letzten Schritte der Handykette mit Blumen auf Seite 48 befolgst.

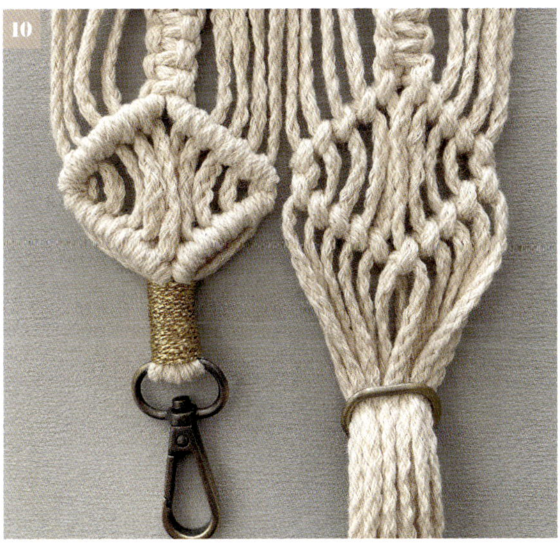

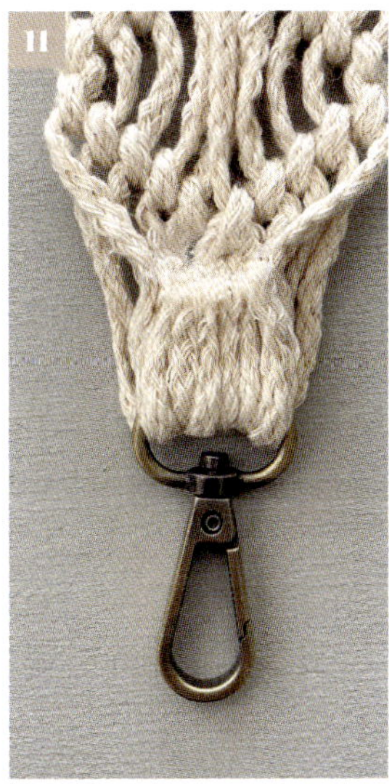

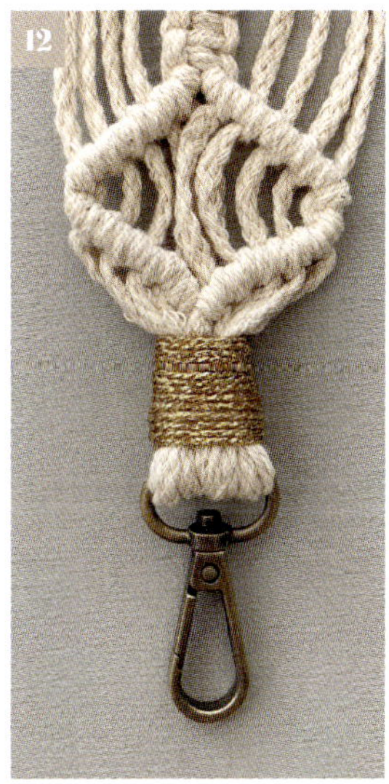

Quaste

schöne Verzierung

Länge: 7 cm

MATERIAL

- 1 Baumwollfaden in Natur/Gold, gezwirnt, ø 3 mm, 4 m lang
- 2 Zierkordeln in Gold, ø 1,2 mm, 30 cm lang
- Pappe, 8 cm breit
- Schere
- Bürste oder Kamm

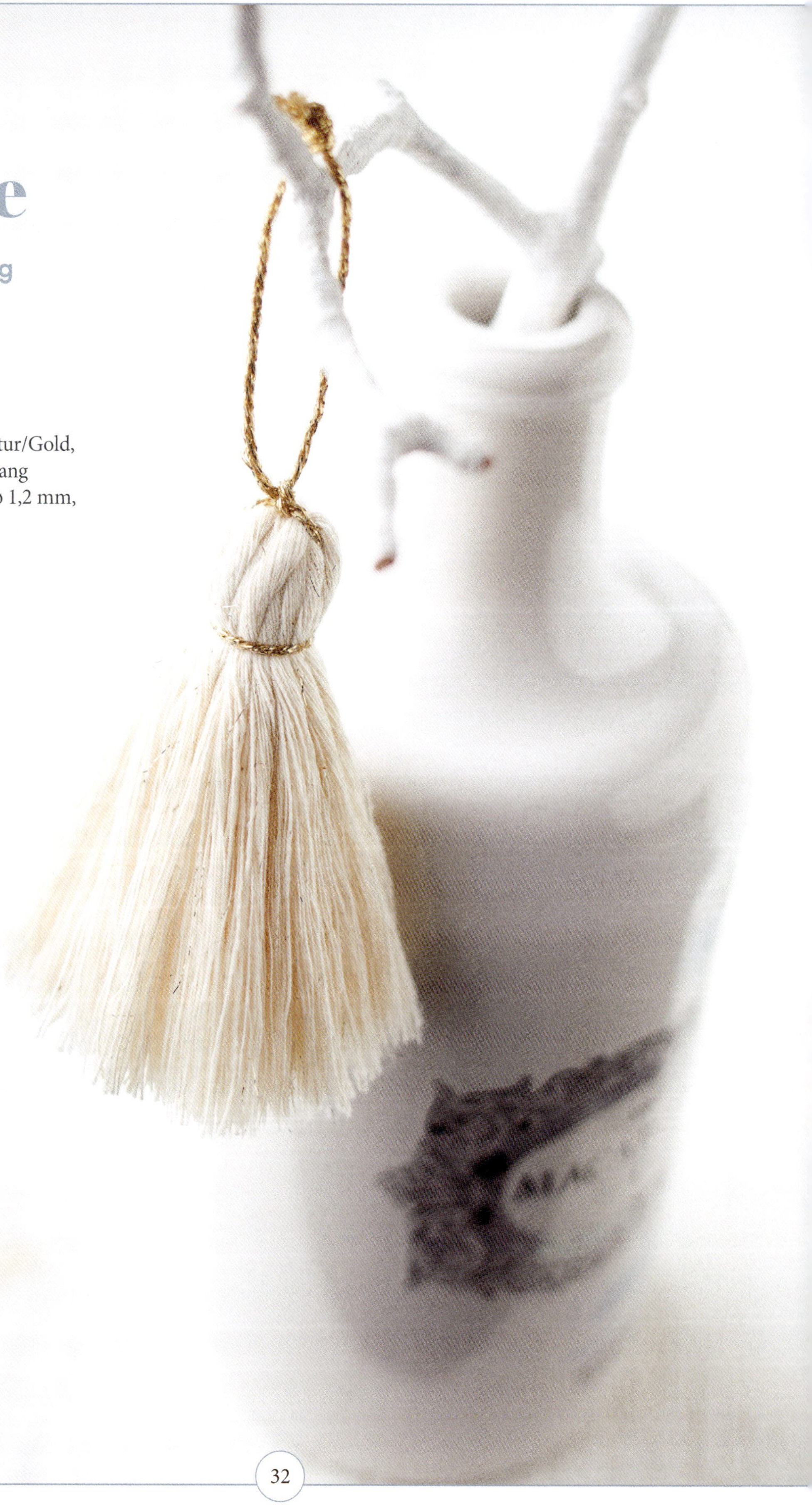

1. Wickel den 4 m langen Faden mehrfach um die Pappe herum. Der Anfangs- und der Endfaden bleiben dabei unterhalb der Pappe sichtbar.

2. Nimm eine goldene Kordel und führe sie unter den Baumwollfäden durch. Befestige 1 einfachen Doppelknoten darüber.

3. Schiebe die Fäden von der Pappe und befestige nun mit 1 weiteren goldenen Faden unterhalb des ersten Knotens 1 Doppelknoten.

4. Schneide die Schlaufen mit einer Schere durch.

5. Zuletzt werden die Fäden ausgekämmt und zurechtgeschnitten.

TIPP
Passe die Größe der Quaste ganz individuell an, indem du die Pappe kleiner oder größer zuschneidest.

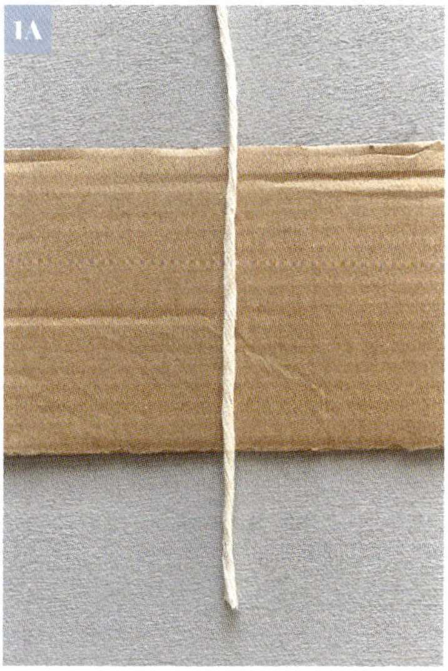

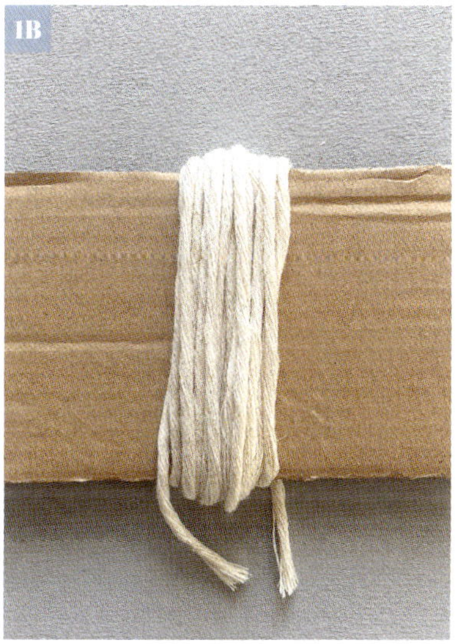

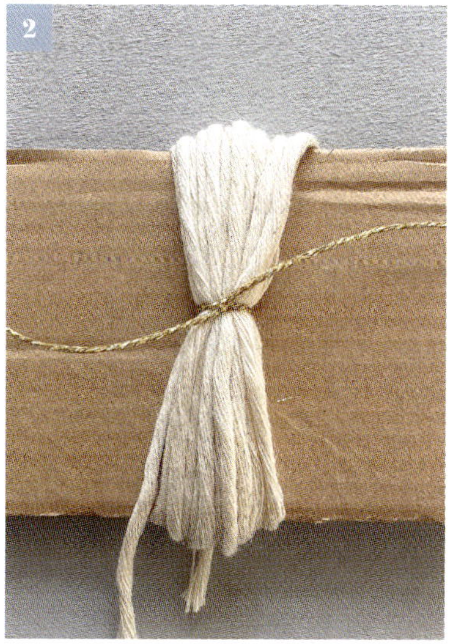

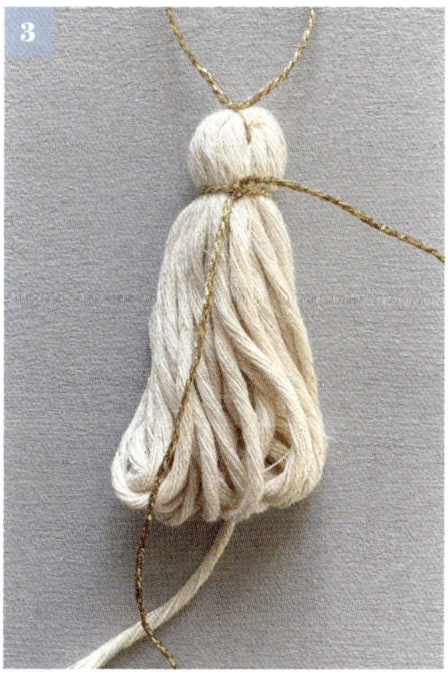

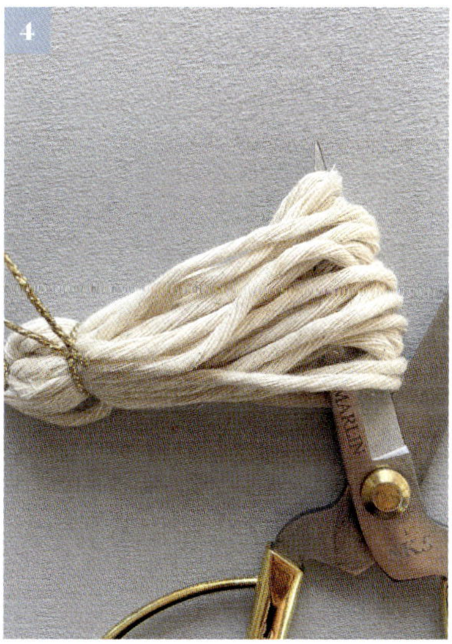

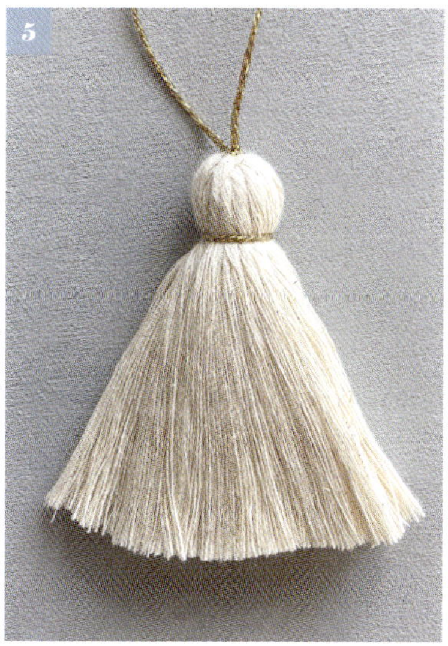

Paracord-Handykette

für unterwegs

Länge: 132 cm

MATERIAL

- 1 Paracordfaden in Beige, ø 3 mm, 2,5 m lang
- 1 Paracordfaden in Braun, ø 3mm, 6, 5 m lang
- 2 Baumwollfäden in Natur/Gold, ø 1 mm, 1 m lang
- 2 Baumwollfäden in Beige, ø 1 mm, 1 m lang
- 2 Karabiner in Messing-Gold, 2 cm
- Schere
- Heißkleber

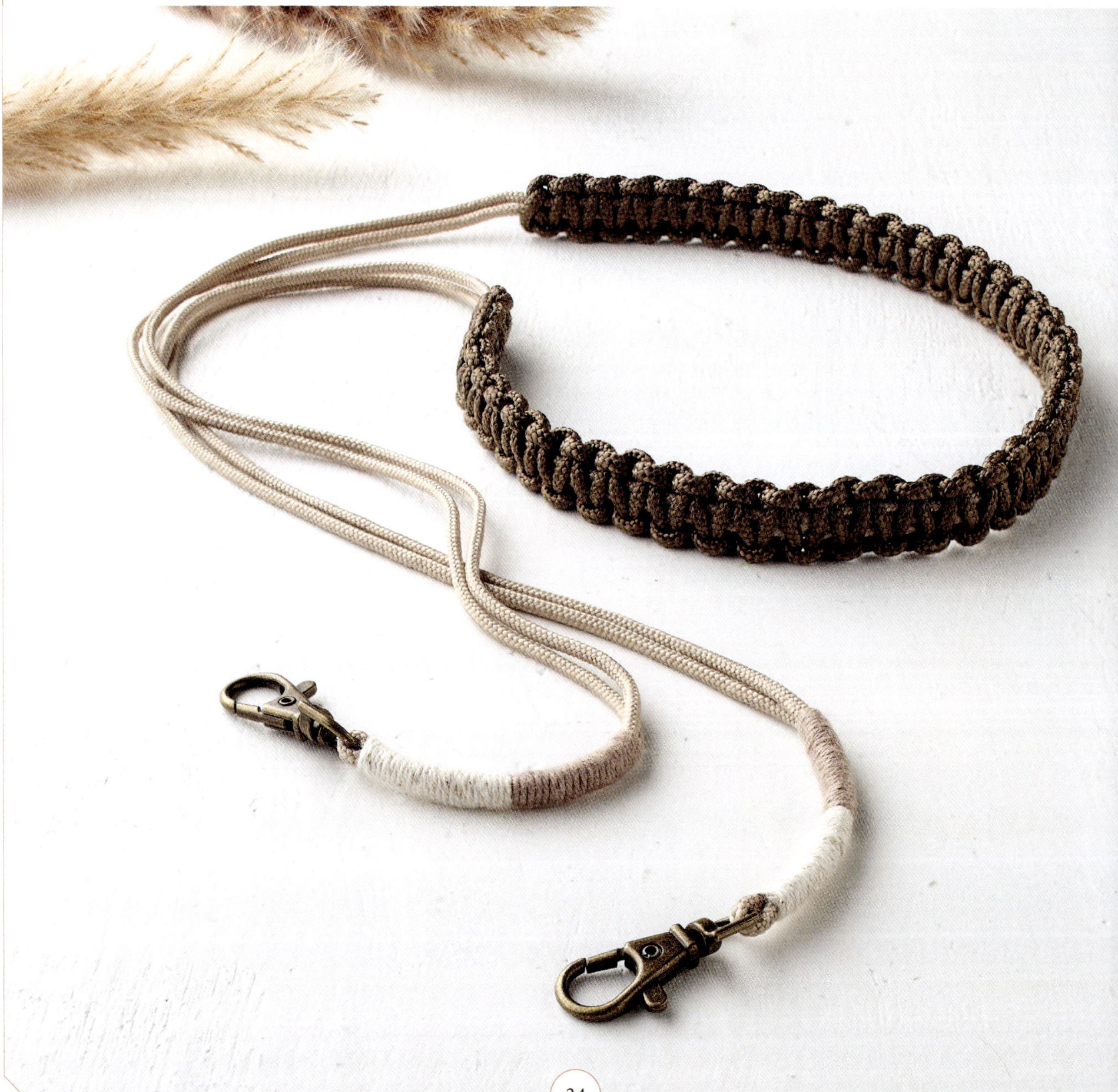

1. Ziehe beide Karabiner durch den 2, 5 m langen Paracordfaden.

2. Lege die beiden Enden übereinander und fixiere sie mit Heißkleber.

3. Achte nun darauf, dass die Klebestelle mittig von beiden Karabinern liegt. Ziehe also beide Karabiner jeweils nach links und rechts. Befestige unterhalb der Karabiner je 1 Wickelknoten von 3 cm mit dem natur-/goldfarbenen Faden.

4. Nun folgt 1 weiterer Wickelknoten mit dem beigen Baumwollfaden. Wiederhole diesen Schritt auch auf der anderen Seite.

5. Jetzt befestigst du 1 Kreuzknoten mit dem braunen Paracord. Lasse zum letzten Wickelknoten einen Abstand von ca. 34 cm. Knüpfe 41 cm lang Kreuzknoten untereinander.

6. Danach ziehst du die Paracordfäden durch die letzten Kreuzknoten. Die Enden kannst du nun verkleben.

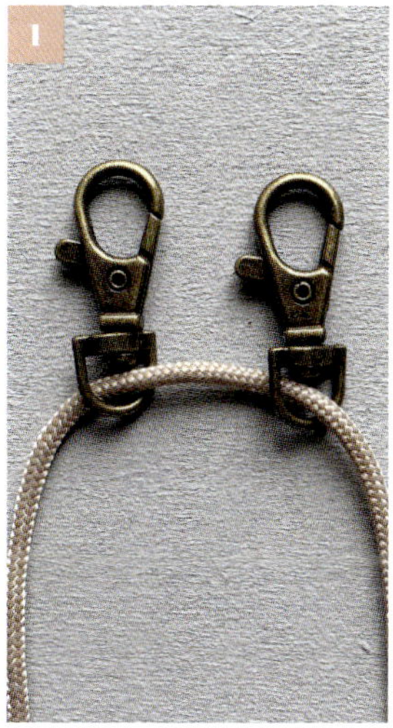

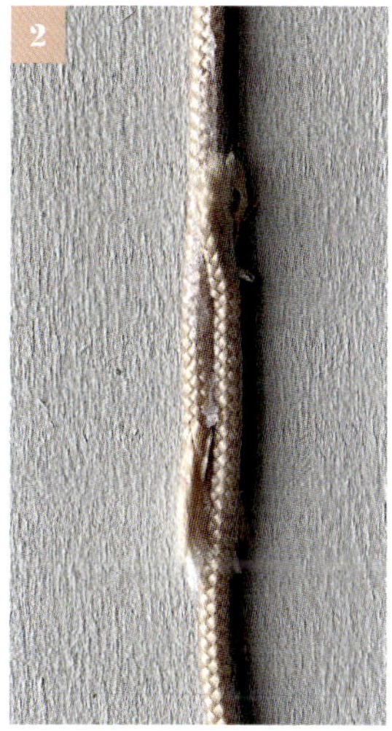

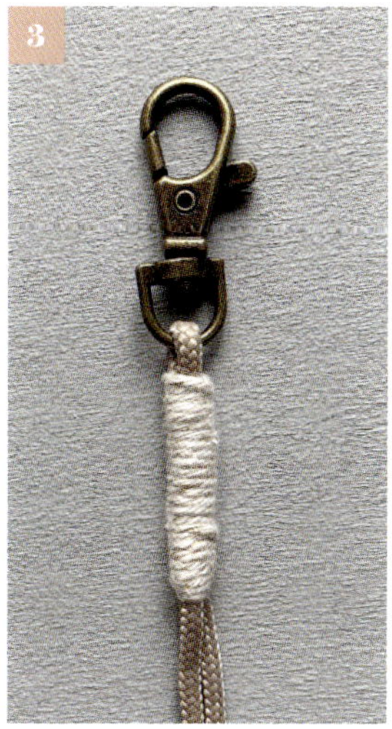

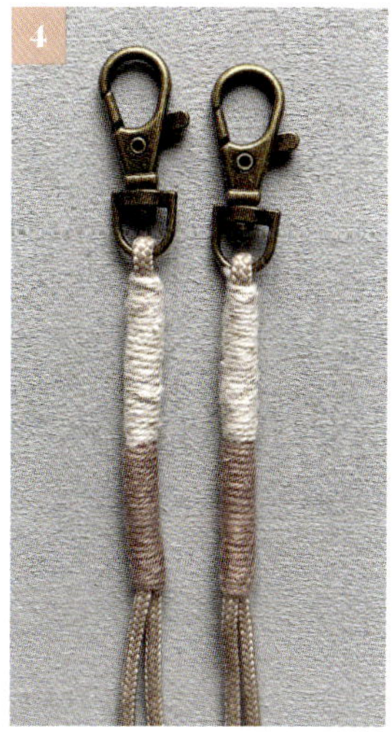

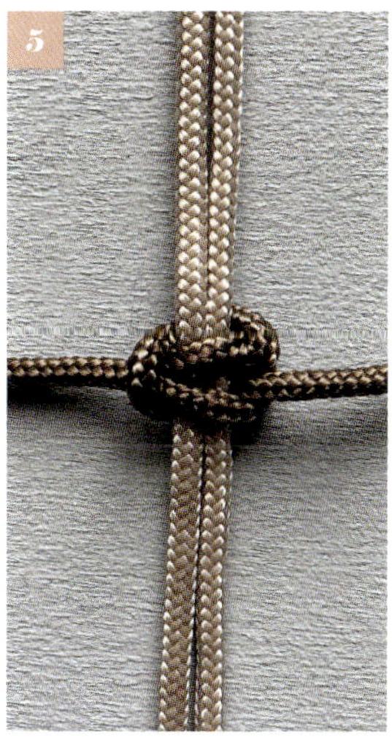

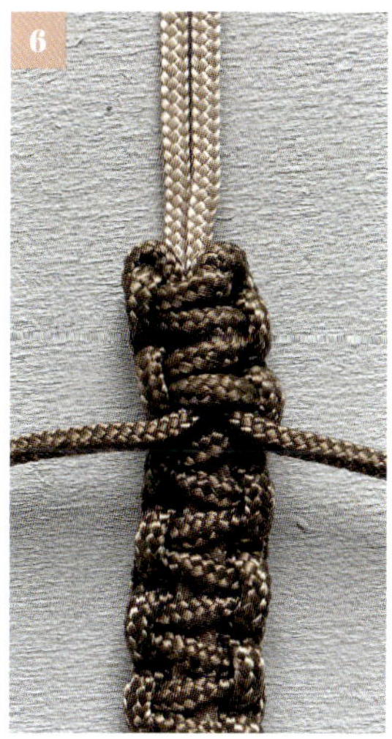

TIPP

Wenn du die Handykette etwas breiter machen möchtest, kannst du entweder dickeres Paracord verwenden oder du knüpfst ein weiteres Paracord mit Kreuzknoten daran.

Yogamatten-Gurt

für entspannte Stunden

Länge: 224 cm

MATERIAL

- 2 Baumwollfäden in Natur, geflochten, ø 4 mm, 13,5 m lang
- 1 Baumwollfaden in Natur, geflochten, ø 4 mm, 90 cm lang
- 2 Holzringe, ø 6 cm
- Schere

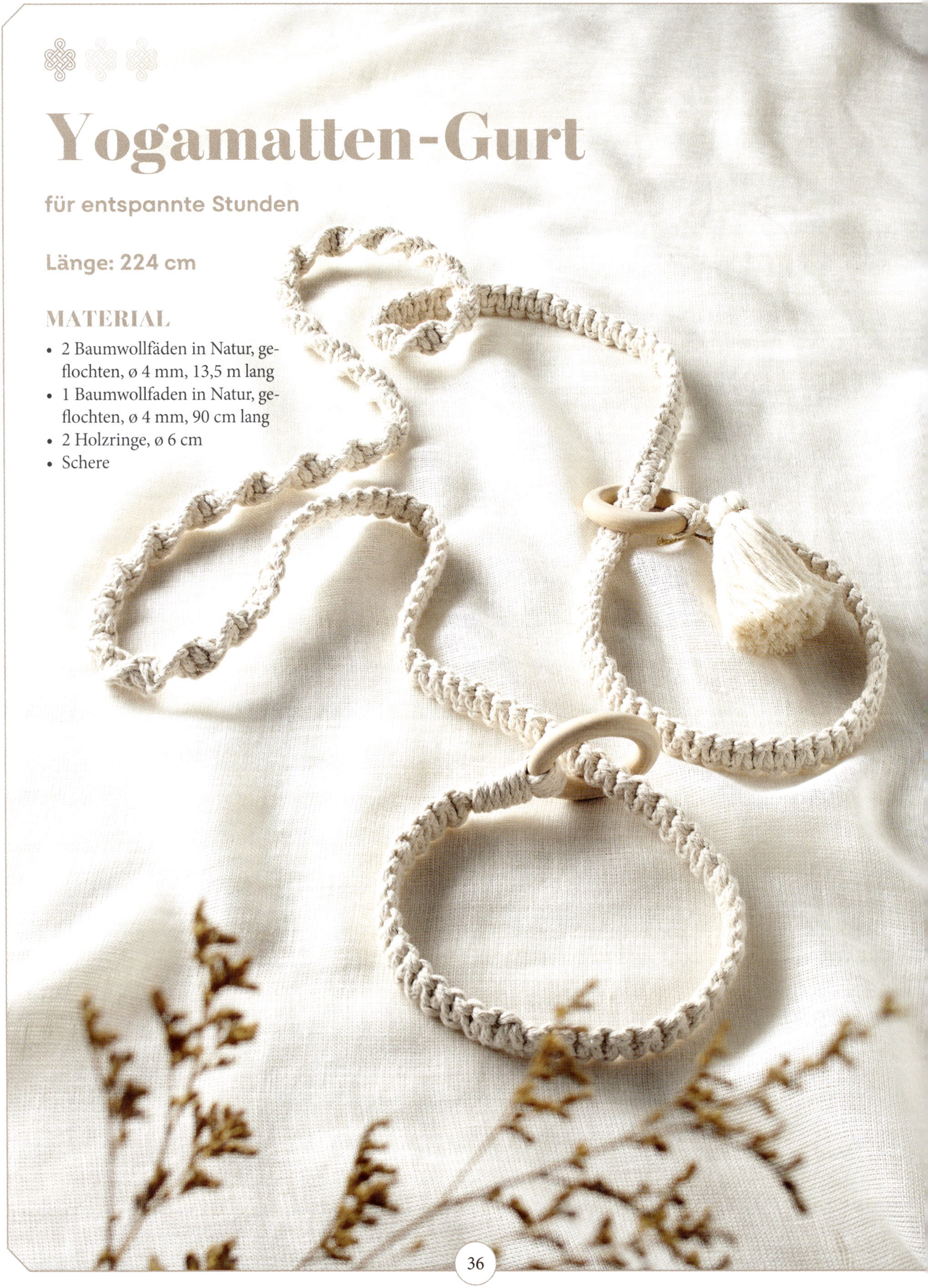

1. Befestige die beiden langen Baumwollfäden mit dem Ankerknoten am Holzring. Achte dabei darauf, dass die Innenlänge der Fäden 2,20 m beträgt, dementsprechend sind die beiden äußeren Fäden länger.

2. Knote nun 70 cm lang Kreuzknoten untereinander.

3. Anschließend knüpfst du Wellenknoten in einer Länge von 70 cm.

4. Danach folgen erneut Kreuzknoten, die eine Länge von 67 cm haben.

5. Ziehe jetzt die Enden durch den zweiten Holzring und trage hinter den Kreuzknoten Kleber auf.

6. Schneide die Enden kurz ab und drücke sie fest auf den Kleber.

7. Zuletzt befestigst du 1 3 cm langen Wickelknoten über der Klebestelle. Nun kannst du die Schlaufen durch die Holzringe ziehen.

TIPP

Mit einer Quaste kannst du deinen Yogamatten-Gurt noch aufpeppen. Die Anleitung dazu findest du auf Seite 32.

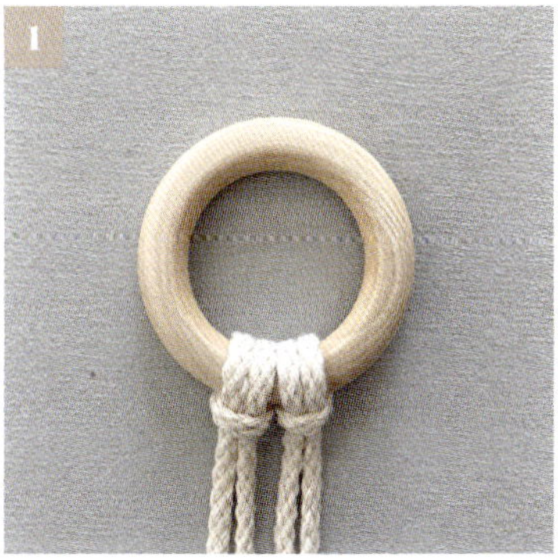

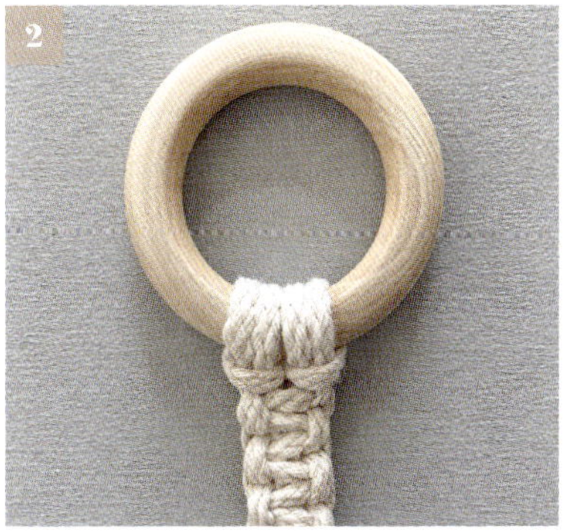

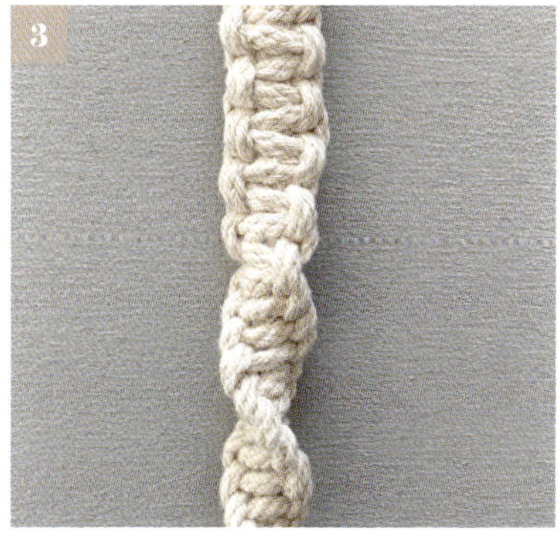

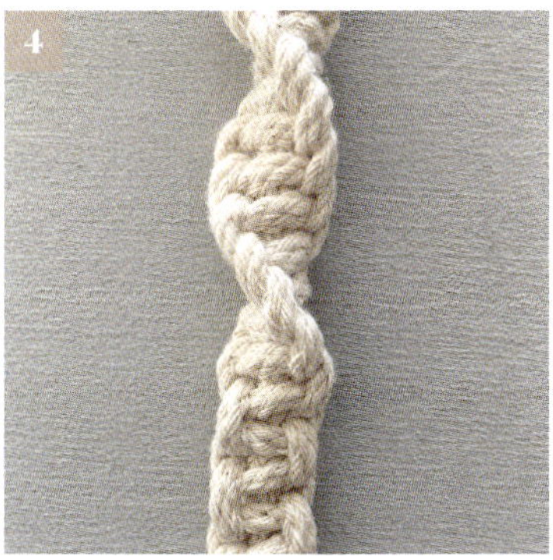

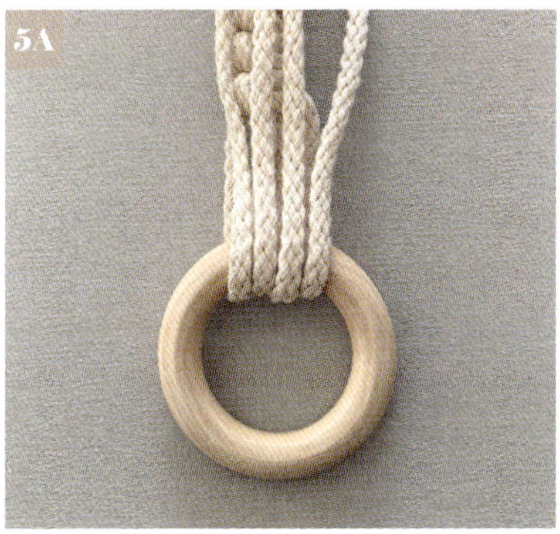

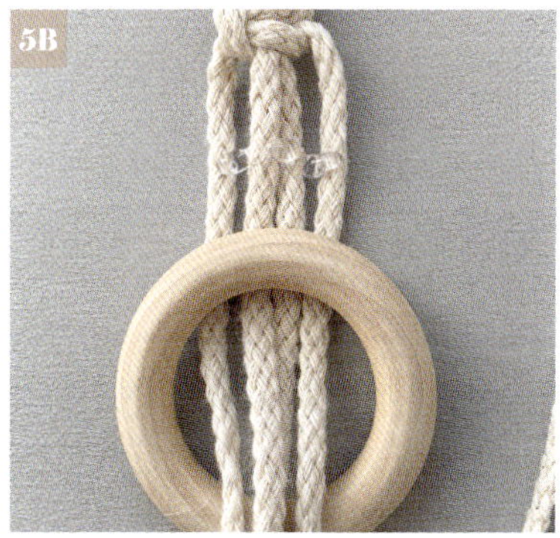

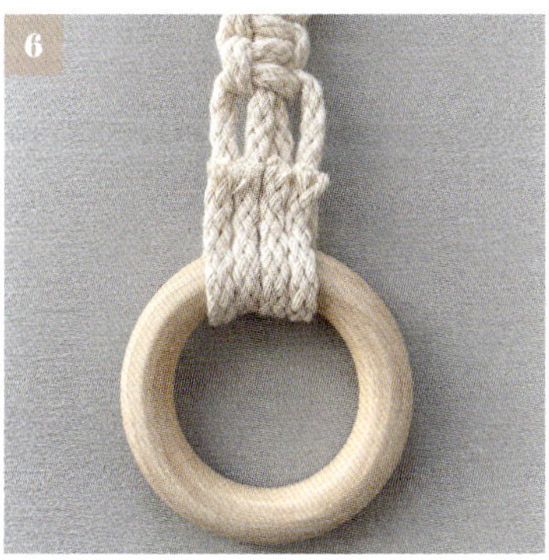

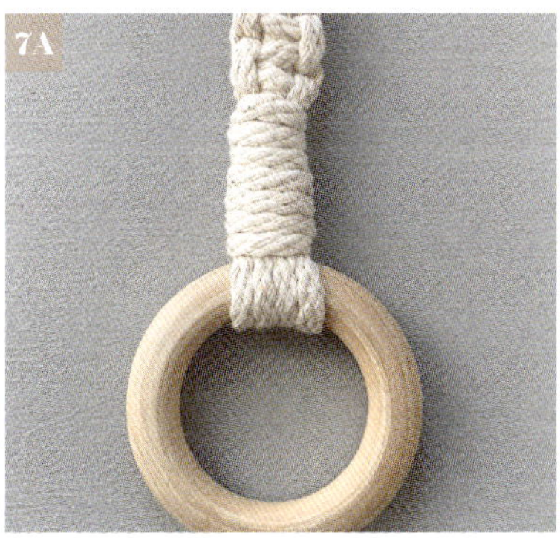

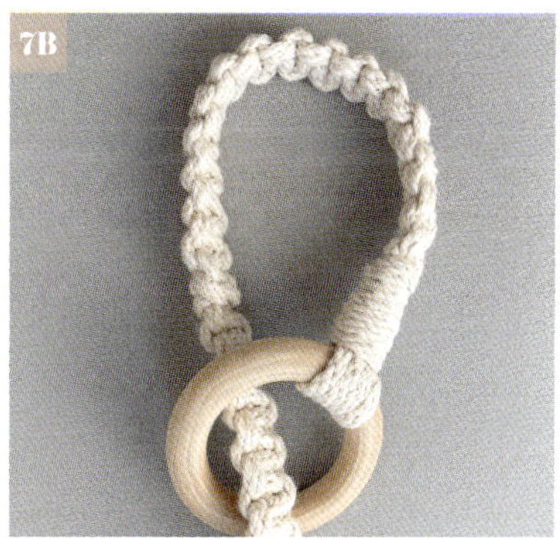

Herz-Anhänger

als Bag-Charm oder Schlüsselbund

Länge: 12 cm

MATERIAL

- 6 Baumwollfäden in Natur, geflochten, ø 3 mm, 60 cm lang
- 1 Baumwollfaden in Natur, geflochten, ø 3 mm, 40 cm lang
- 1 Karabiner in Messing-Gold
- Schere

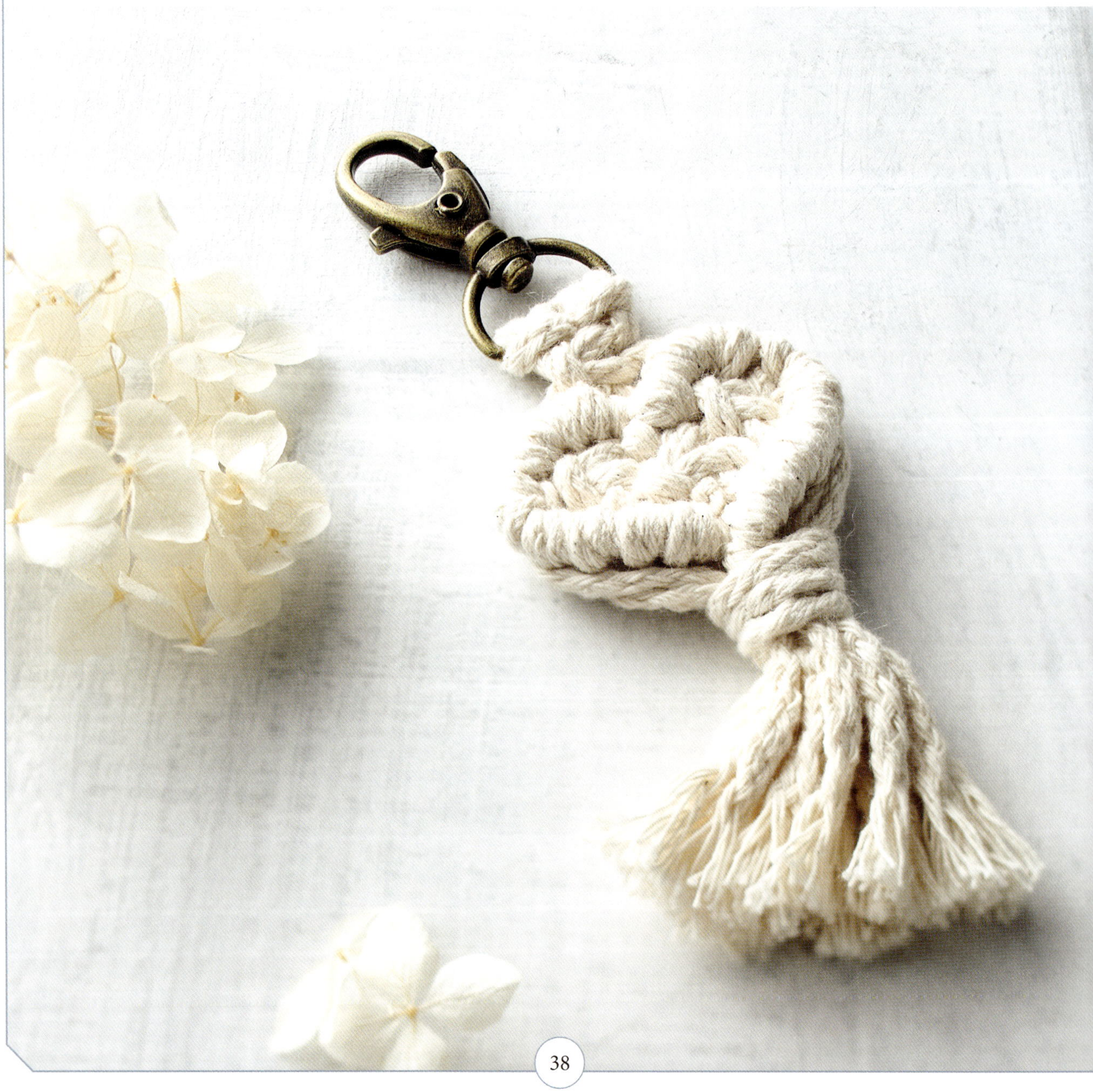

1. Befestige 2 der langen Fäden mit dem Ankerknoten am Karabiner.

2. Knüpfe 1 Kreuzknoten unterhalb der Ankerknoten.

3. Nimm 1 weiteren langen Faden und lege ihn mittig über den linken äußeren Strang. Knüpfe mit dem unteren Strang (Arbeitsfaden) 1 Rippenknoten über den neuen Faden.

4. Mit dem zweiten Faden daneben knüpfst du ebenfalls 1 Rippenknoten.

5. Wiederhole die Schritte 3 und 4 auch auf der rechten Seite mit 1 neuen Faden.

6. Schließe die Mitte mit 1 weiteren Rippenknoten. Hierbei ist der rechte letzte Faden der Trägerfaden und der linke der Arbeitsfaden.

TIPP

Das Herz ist mit farbigem Garn ein besonderer Hingucker.

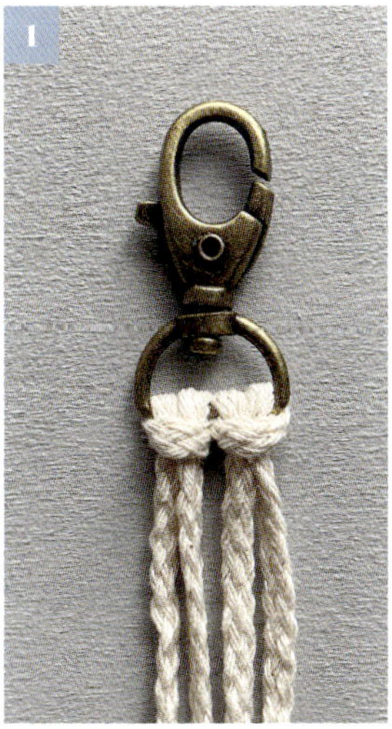

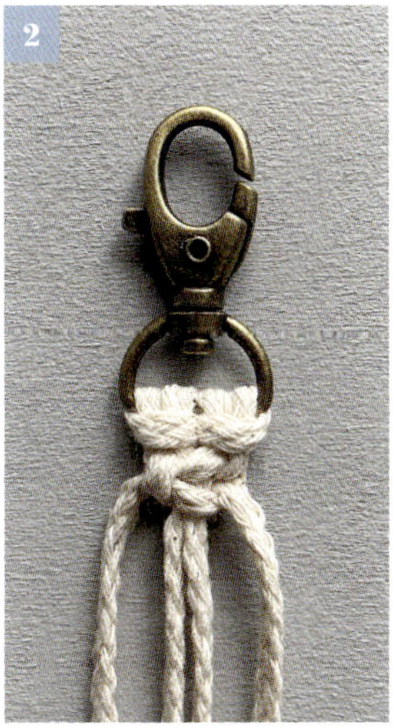

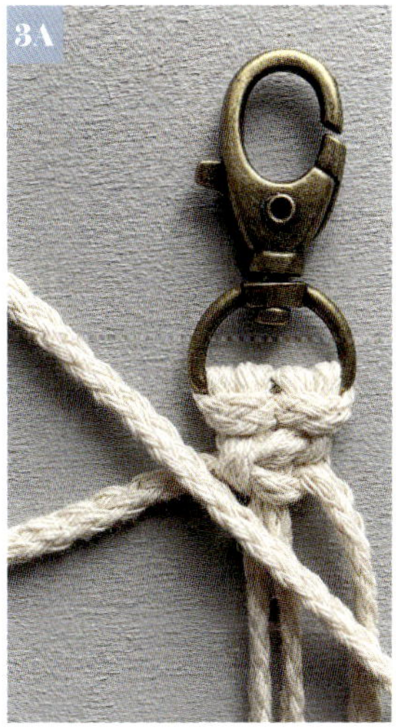

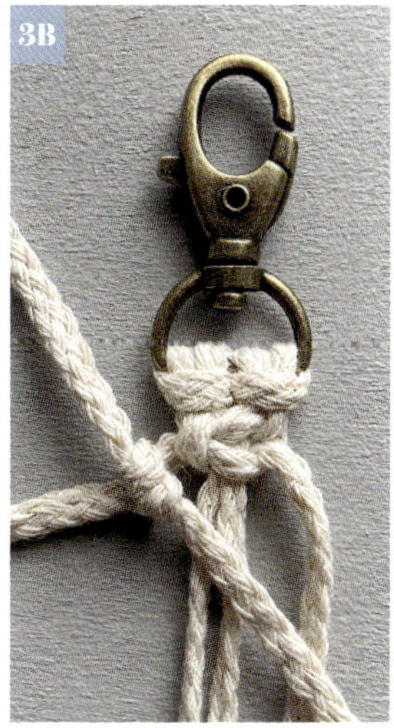

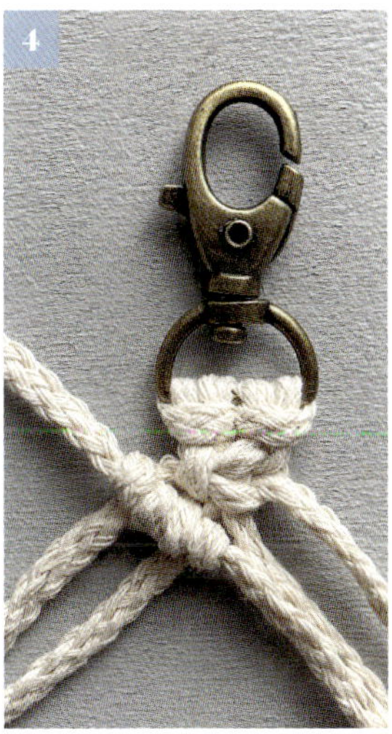

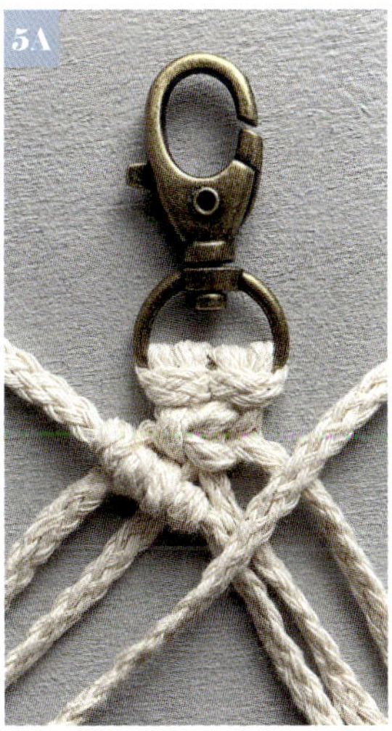

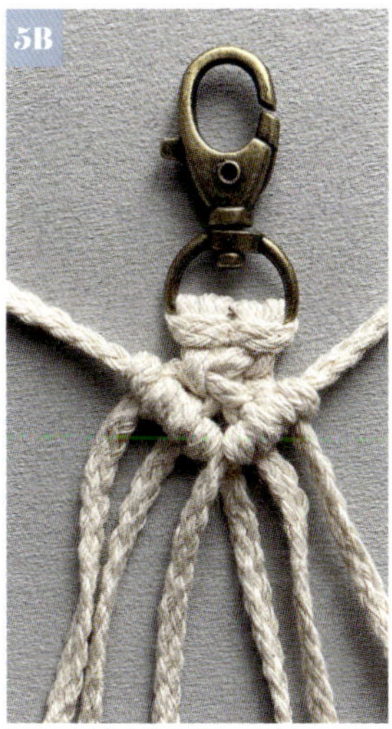

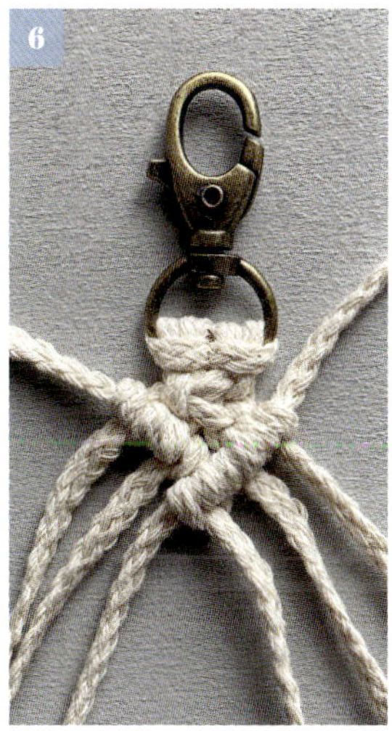

7. Nun befestigst du 1 weiteren langen Faden mit dem Ankerknoten von hinten am linken ersten Strang.

8. Wiederhole den letzten Schritt auch auf der rechten Seite.

9. Schiebe die beiden linken Fäden zur Seite und knüpfe mit den danebenliegenden 4 Fäden 1 Kreuzknoten. Wiederhole diesen Schritt auch auf der rechten Seite.

10. Aus den mittigen 4 Fäden entsteht 1 versetzter Kreuzknoten.

11. Nimm die beiden äußeren Fäden und lege sie schräg zur Mitte über die anderen Fäden.

12. Knüpfe auf jeder Seite je 5 Rippenknoten.

13. Schließe die Mitte mit 1 weiteren Rippenknoten. Hierbei ist der rechte Faden der Trägerfaden und der linke der Arbeitsfaden.

14. Zuletzt befestigst du 1 Wickelknoten über allen Fäden und schneidest die Enden zu.

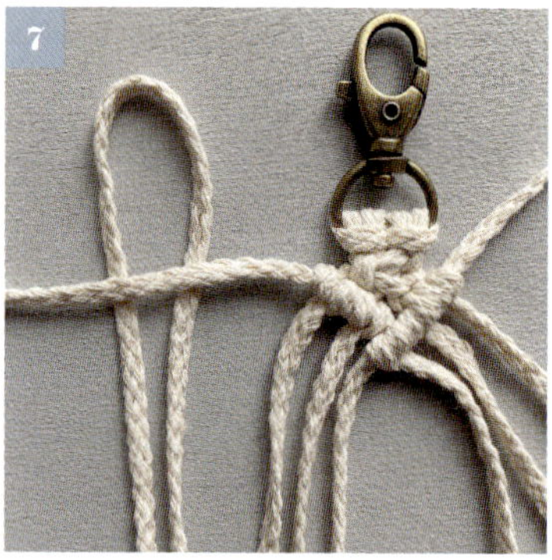

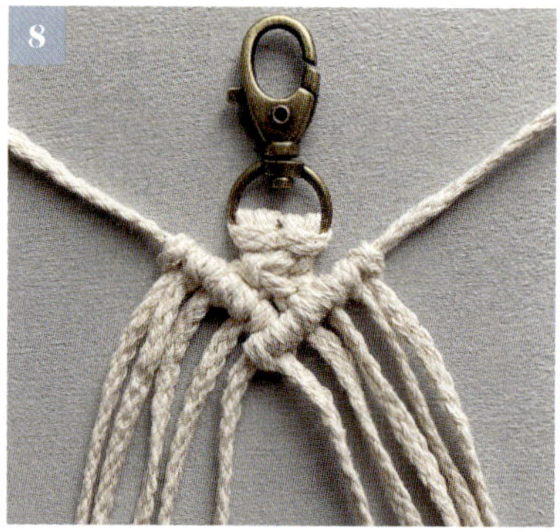

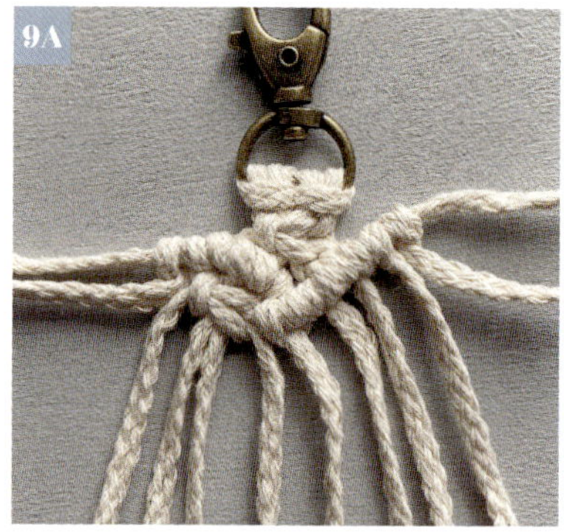

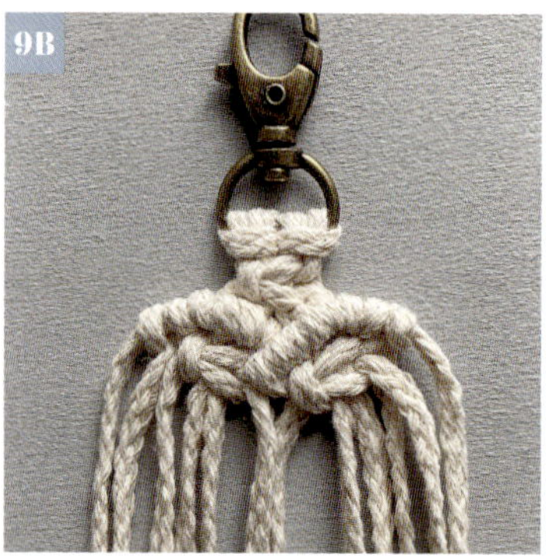

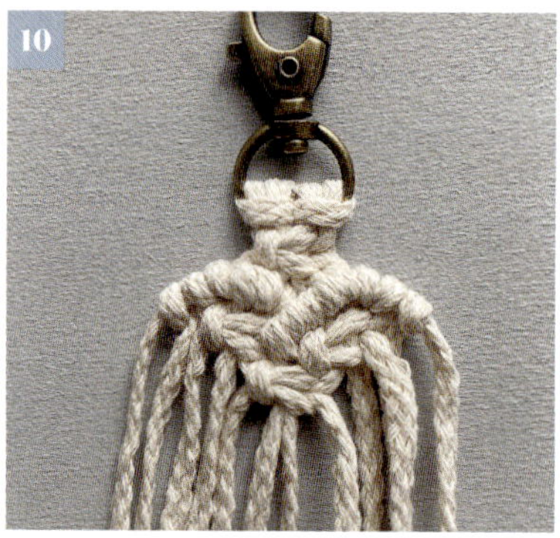

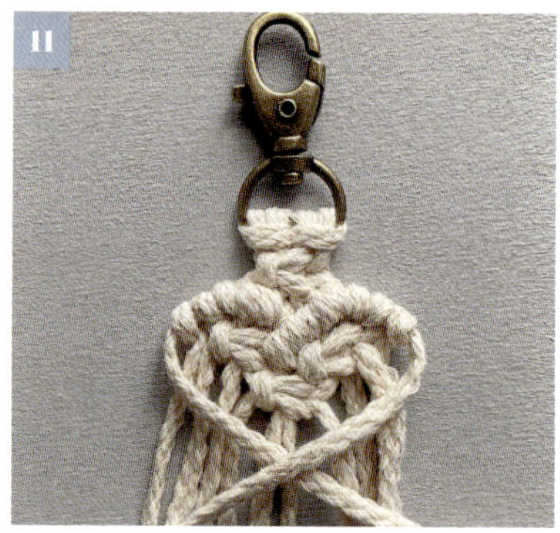

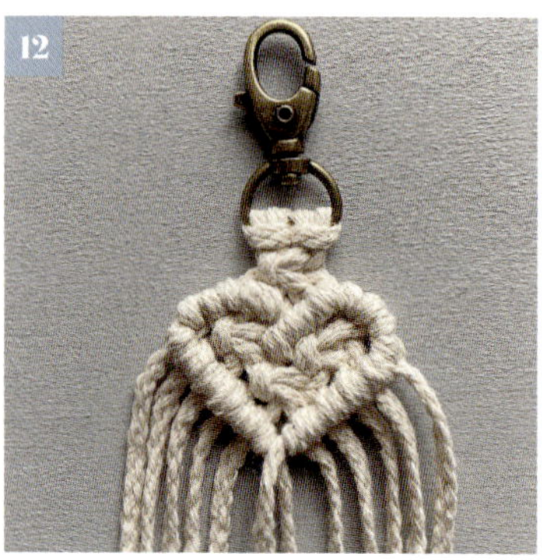

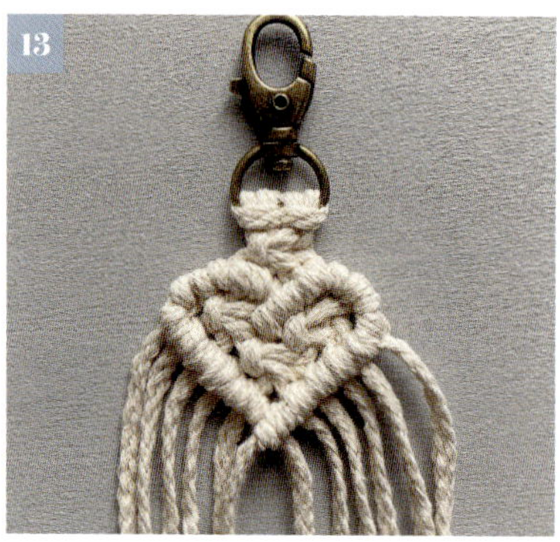

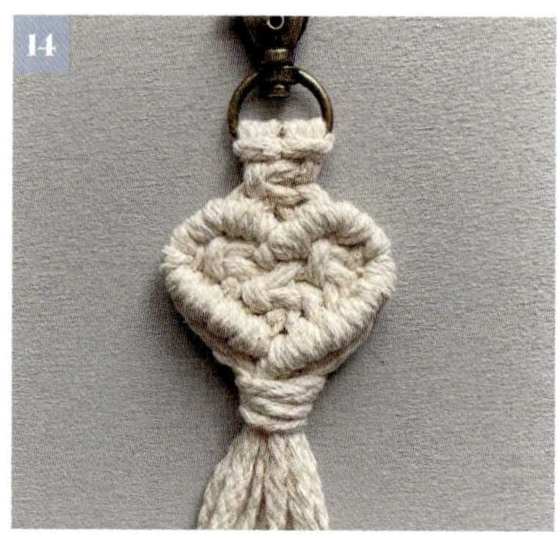

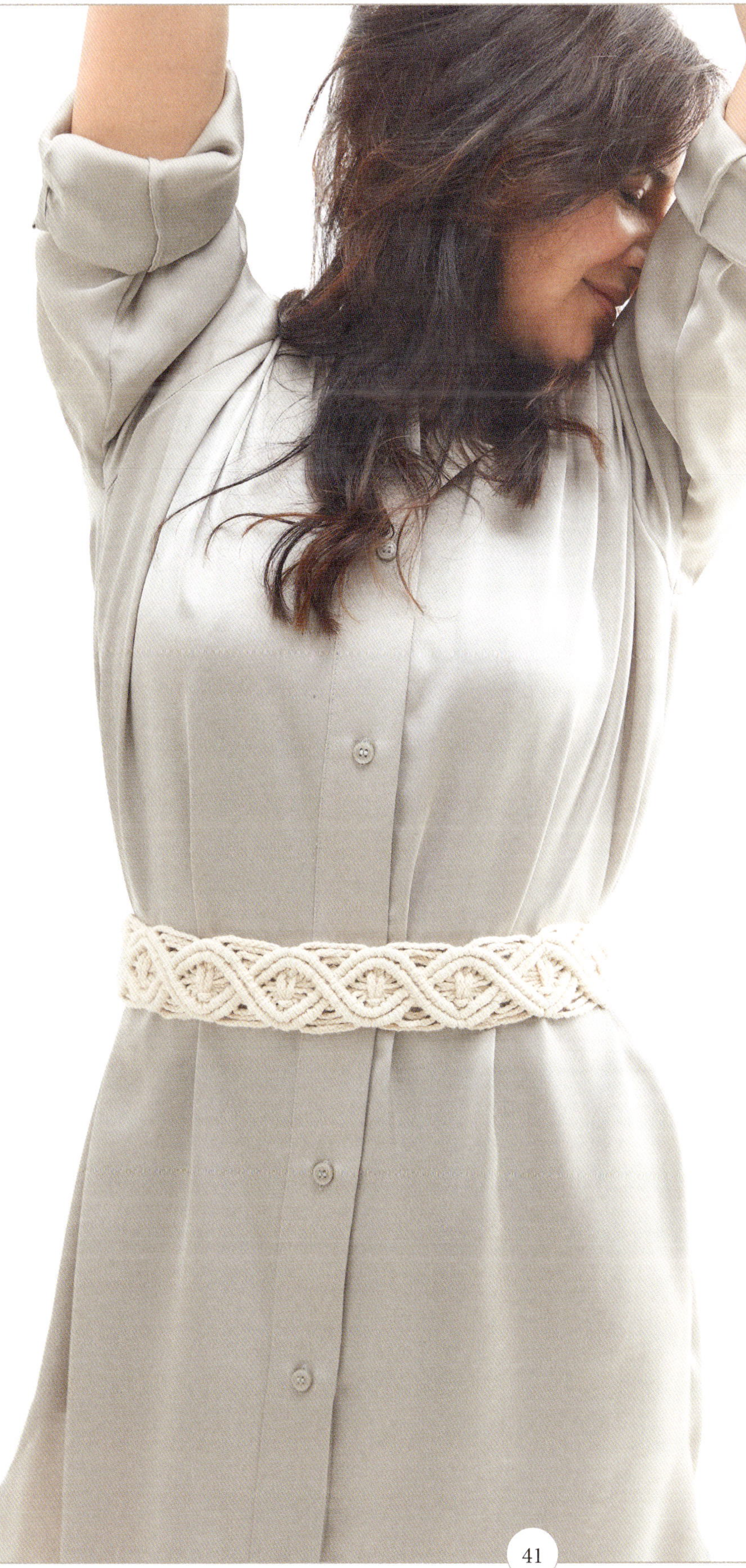

Boho-Gürtel

für den Wow-Effekt

Länge: 117 cm

MATERIAL

- 2 Baumwollfäden in Natur, geflochten, ø 3 mm, 6 m lang
- 2 Baumwollfäden in Natur, geflochten, ø 3 mm, 14 m lang
- 2 Baumwollfäden in Natur, geflochten, ø 3 mm, 10 m lang
- Gürtelschnalle, 4,4 cm
- Schere
- Heißkleber

1. Befestige alle 6 Fäden mit dem Ankerknoten an der Gürtelschnalle, beginne dabei von links nach rechts wie folgt mit den Längen: 6 m, 14 m, 10 m, 10 m, 14 m, 6 m.

2. Nimm die beiden äußeren Fäden (Trägerfaden) und lege sie über die anderen Fäden (Arbeitsfäden) in der Mitte.

3. Knüpfe auf beiden Seiten je 5 Rippenknoten schräg zur Mitte. Schließe die Mitte mit 1 weiteren Rippenknoten. Hierbei ist der rechte Faden der Trägerfaden und der linke der Arbeitsfaden.

4. Nun nimmst du erneut die beiden äußeren Fäden und knüpfst je 4 Rippenknoten.

5. Die erste Reihe Rippenknoten auf der rechten Seite wird nun um 5 Rippenknoten erweitert.

6. Die zweite Reihe Rippenknoten wird jetzt auch parallel nach unten um 6 Rippenknoten erweitert.

7. Anschließend nimmst du den fünften Faden von rechts und legst ihn schräg nach rechts unten. Knüpfe 4 Rippenknoten.

8. Direkt unter die letzte Reihe Rippenknoten folgt 1 weitere Reihe aus 4 Rippenknoten.

TIPP

Die langen Fäden kannst du ganz einfach zusammenwickeln und mit einem Gummi befestigen. Das erleichtert dir das Knüpfen enorm.

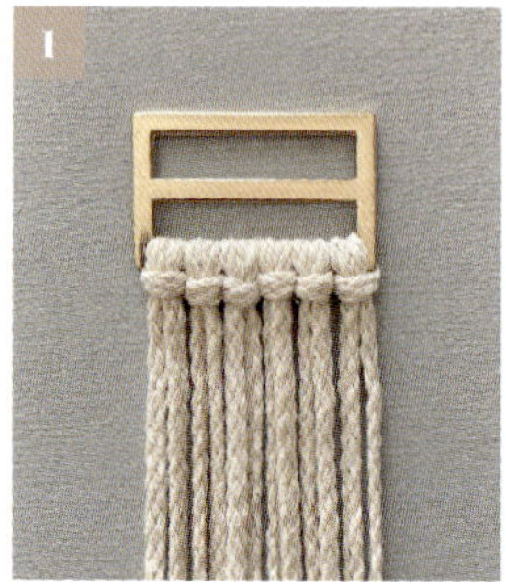
1

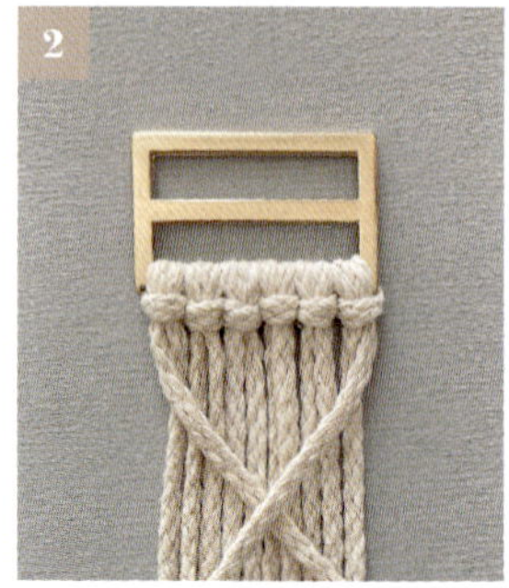
2

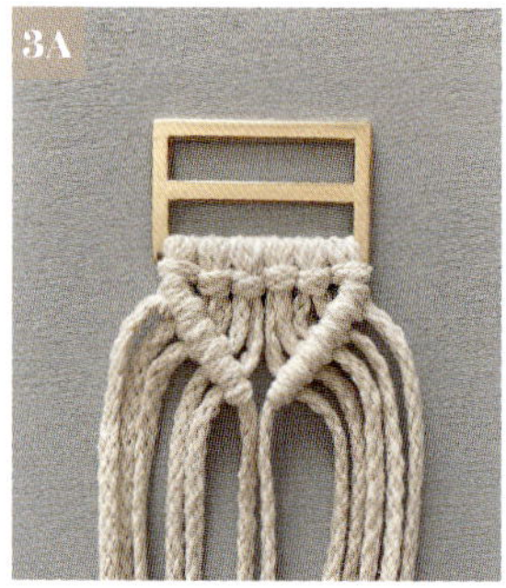
3A

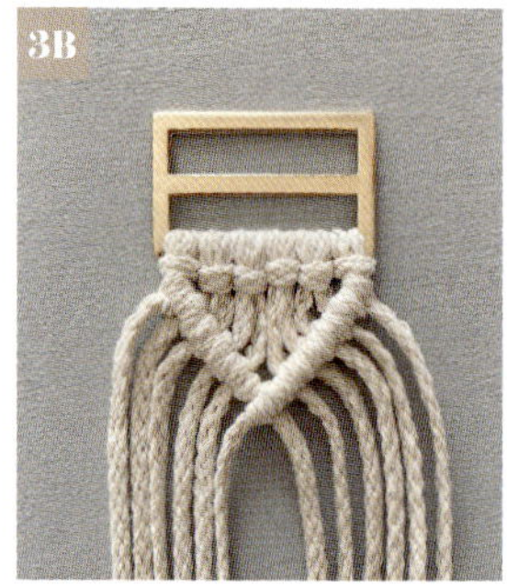
3B

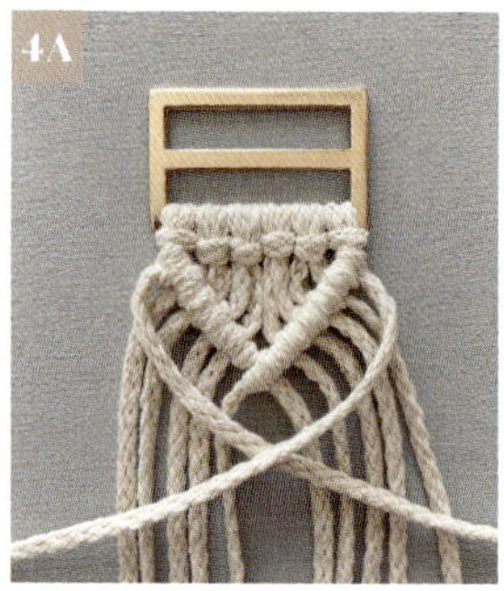
4A

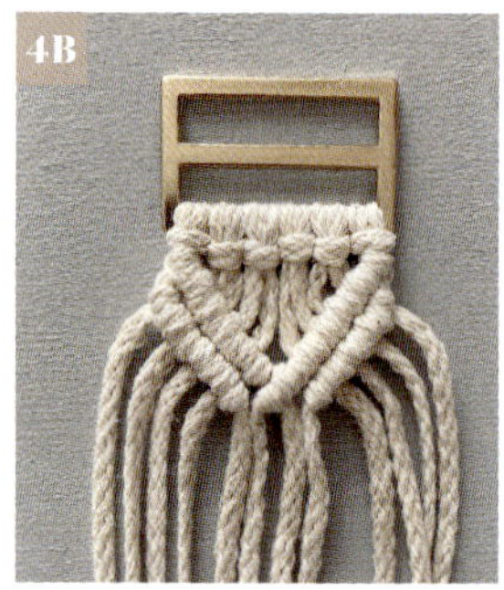
4B

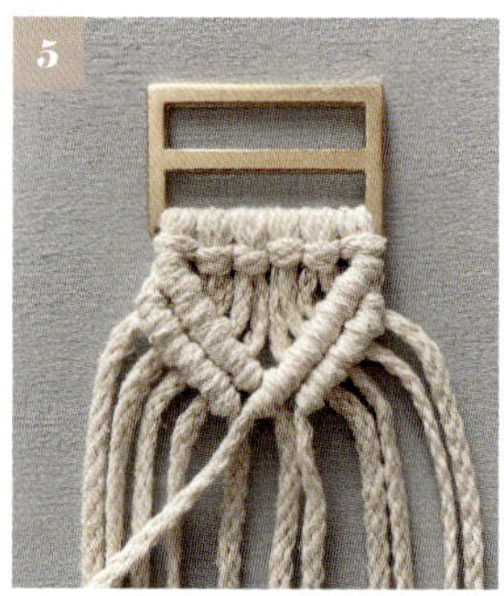
5

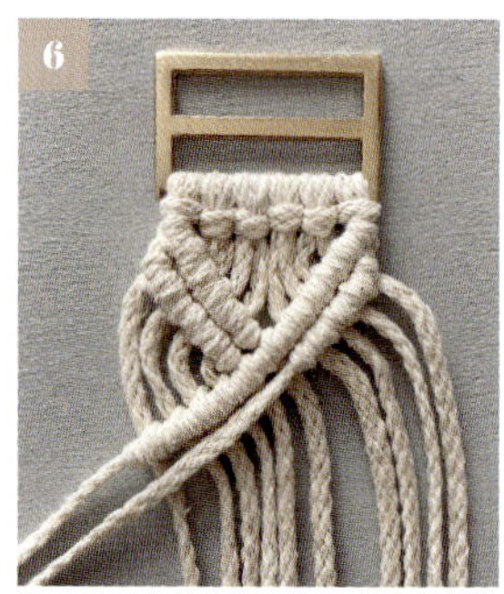
6

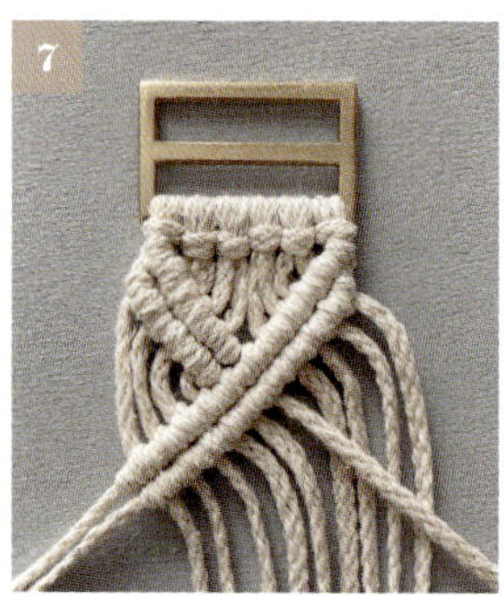
7

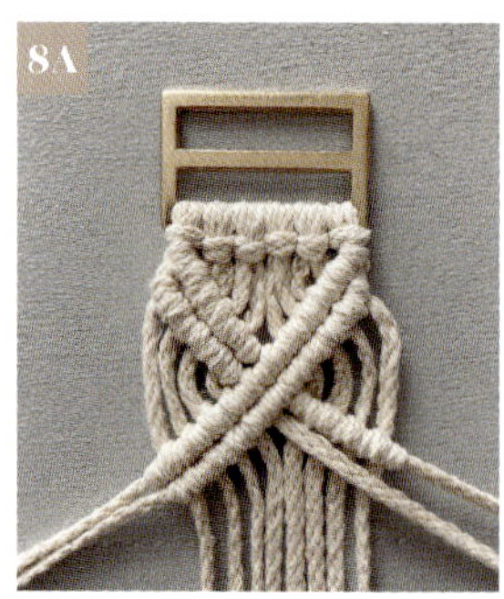
8A

9. Mittig knüpfst du jetzt 1 Kreuzknoten. Dabei sind die 3 Fäden auf beiden Seiten die Arbeitsfäden und die mittigen 6 Fäden die Trägerfäden.

10. Nimm den zweiten Faden von jeder Seite und knüpfe aus je 4 Rippenknoten 1 schräge Reihe zur Mitte.

11. Die Mitte wird ebenfalls mit 1 Rippenknoten geschlossen.

12. Nun nimmst du den linken Faden und knüpfst mit dem darunterliegenden Faden 2 Rippenknoten untereinander. Dadurch wird die große Lücke aufgefüllt. Danach knüpfst du 3 Rippenknoten mit den 3 weiteren Fäden.

13. Die rechte Reihe der Rippenknoten wird nun wieder um 5 Rippenknoten erweitert.

14. Mit dem rechten Faden wird nun die doppelte Reihe Rippenknoten geknüpft. Denke daran, dass du mit dem zweiten Faden 2 Rippenknoten untereinander knüpfst und mit den anderen jeweils 1 Rippenknoten.

15. Das Muster wird nun bis zu deiner Wunschlänge weitergeführt.

16. Verbinde die beiden mittleren Stränge mit 1 Rippenknoten.

17. Die Enden werden kurz abgeschnitten und auf der Rückseite verklebt.

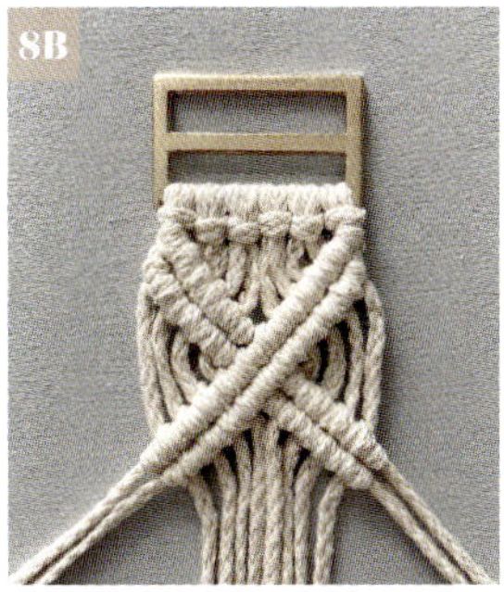

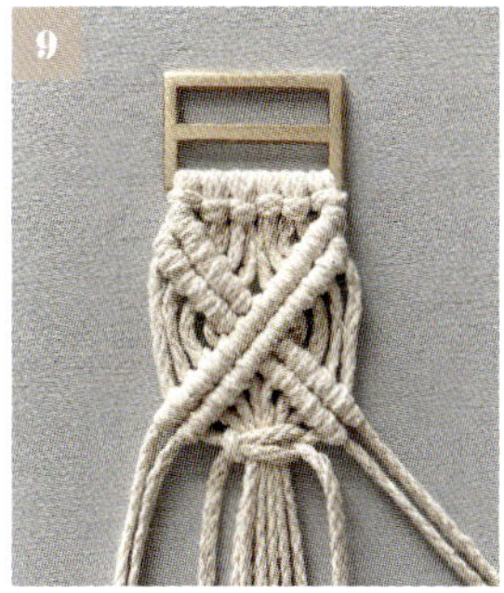

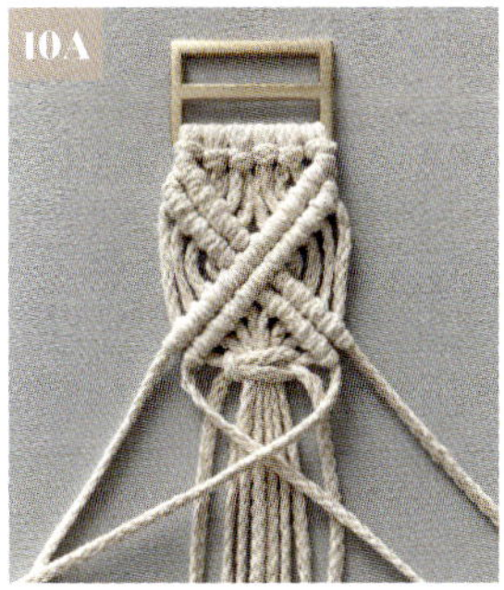

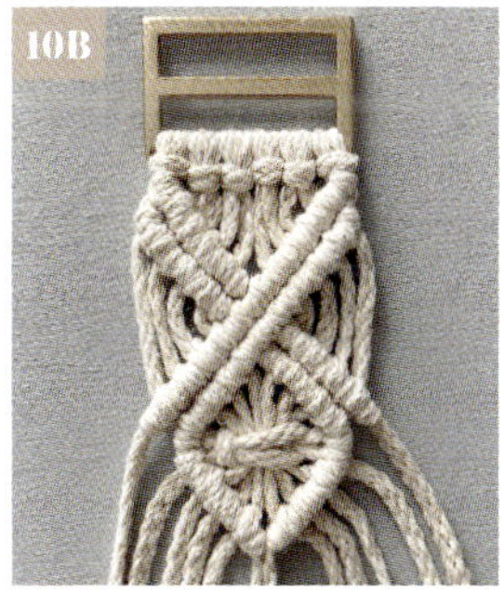

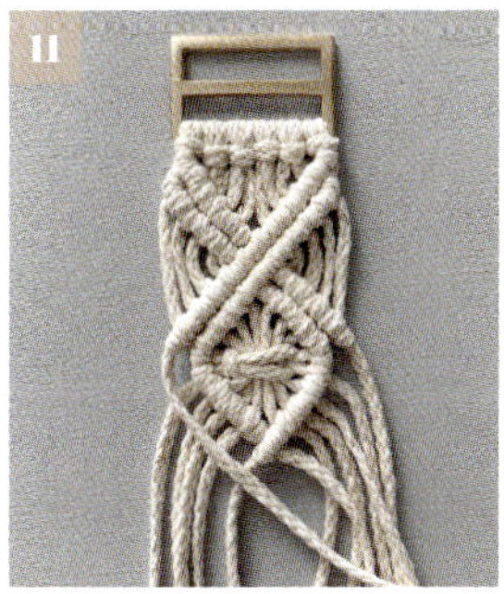

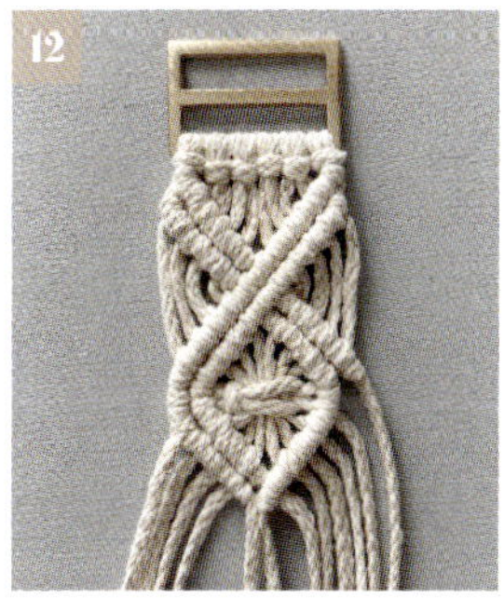

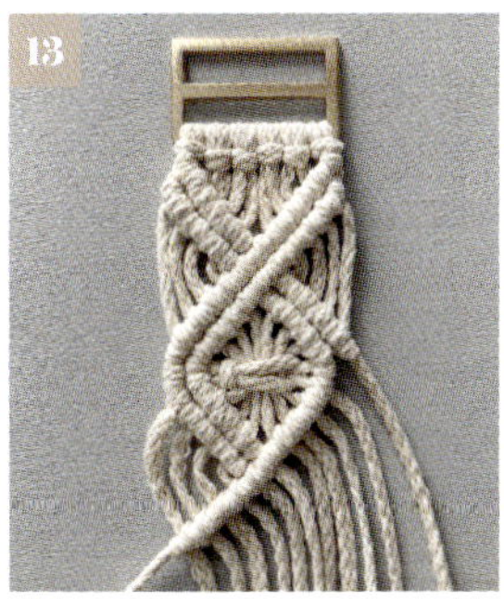

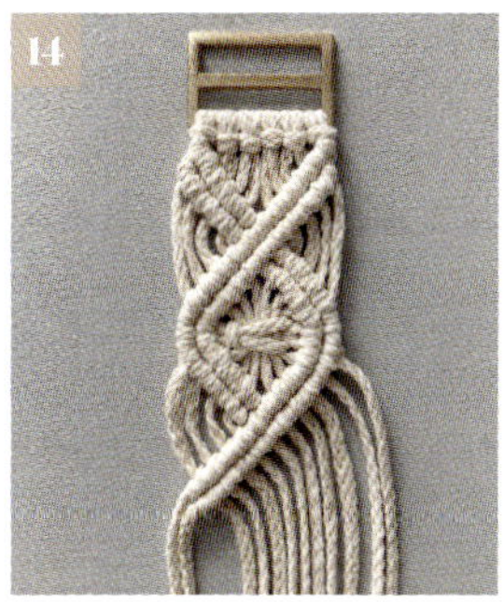

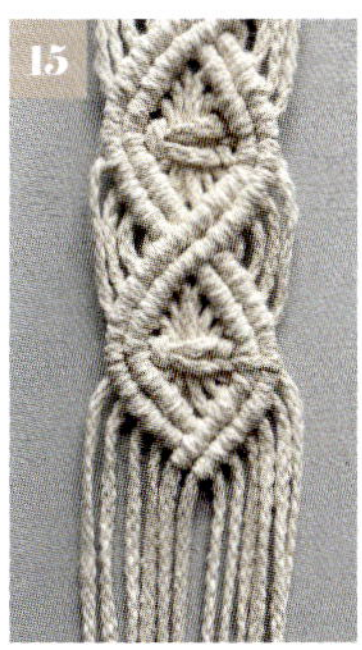

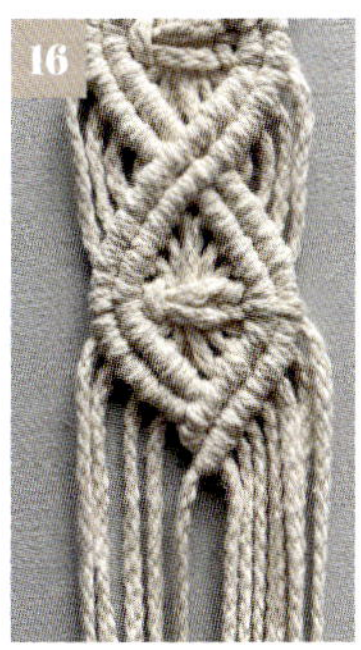

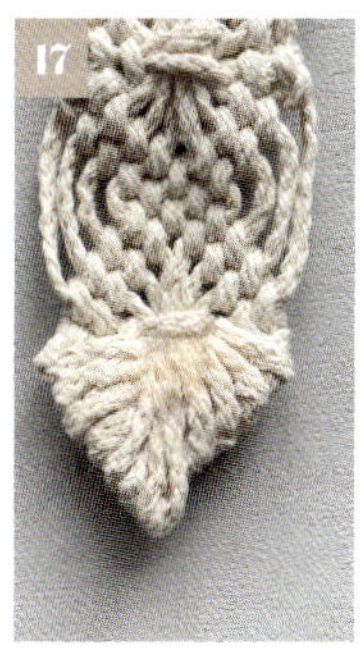

Anhänger mit Quaste

aus Paracord

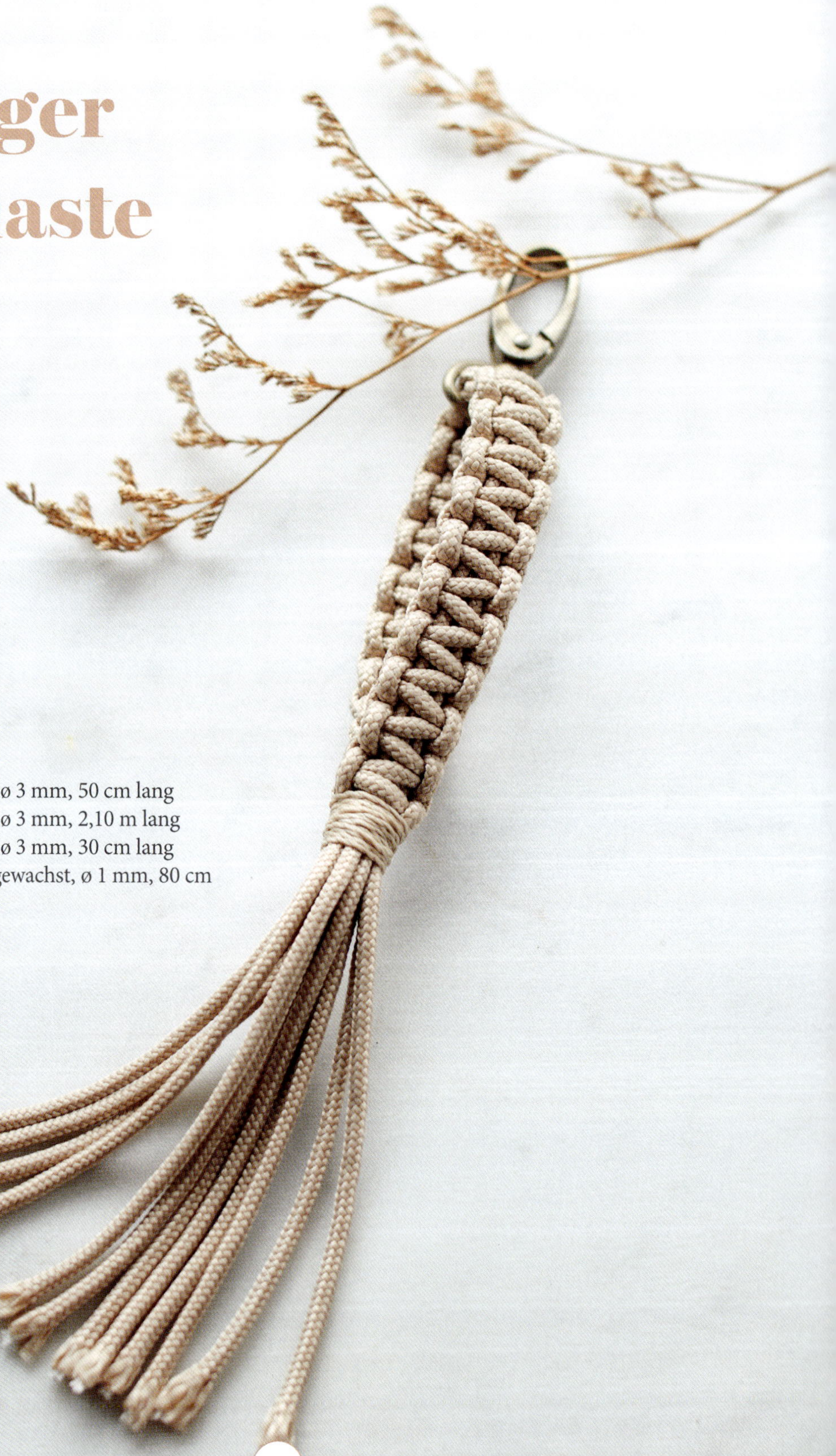

Länge: 23 cm

MATERIAL

- 3 Paracordfäden in Beige, ø 3 mm, 50 cm lang
- 1 Paracordfaden in Beige, ø 3 mm, 2,10 m lang
- 2 Paracordfäden in Beige, ø 3 mm, 30 cm lang
- 1 Polyestergarn in Beige, gewachst, ø 1 mm, 80 cm
- 1 Messing-Karabiner
- Schere

1. Lege die 3 gleich langen Paracordfäden parallel nebeneinander.

2. Nimm den langen Faden und befestige 1 Kreuzknoten über die 3 Anfangsfäden. Lasse hierbei einen Abstand von 20 cm zu den oberen Garnenden frei.

3. Knote 17 Kreuzknoten untereinander.

4. Ziehe das Geknüpfte durch den Karabiner, bis zur Mitte der Kreuzknoten-Reihe.

5. Nun knüpfst du 1 Kreuzknoten über alle Fäden, sodass eine Schlaufe entsteht.

6. Lockere den letzten Kreuzknoten und schiebe die 2 verbleibenden Paracordfäden durch den Kreuzknoten. Ziehe die Fäden bis zur Mitte durch und schließe den Kreuzknoten.

7. Abschließend befestigst du mit dem gewachsten Garn 1 Wickelknoten über alle Fäden.

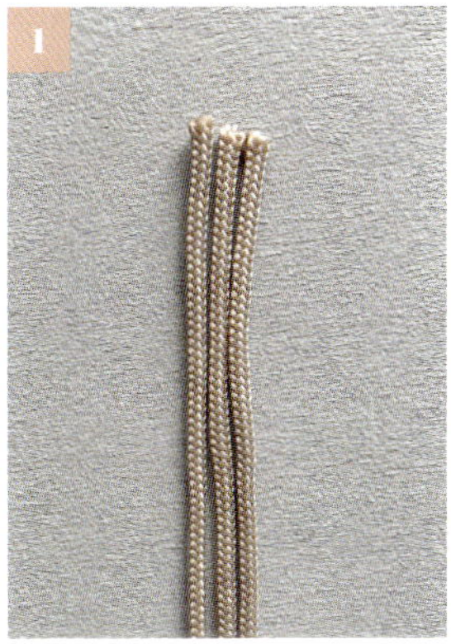

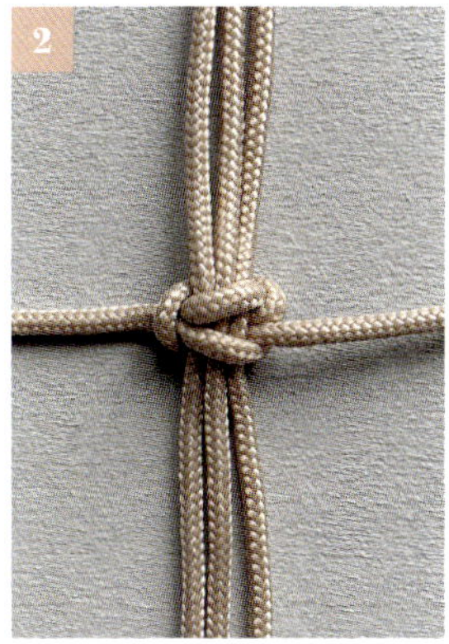

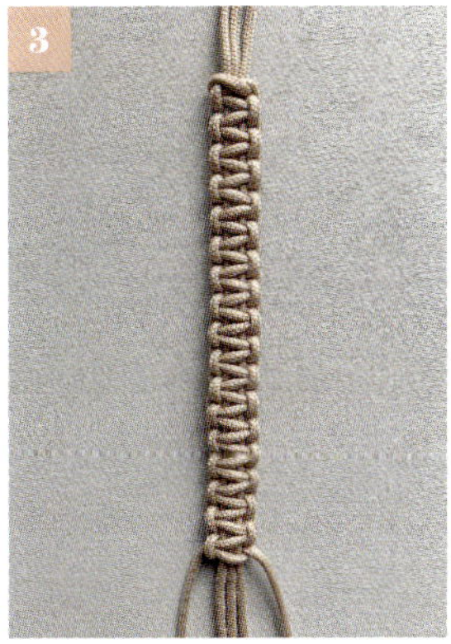

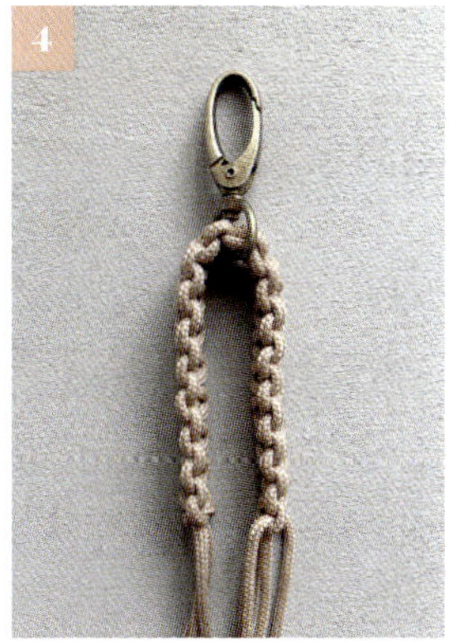

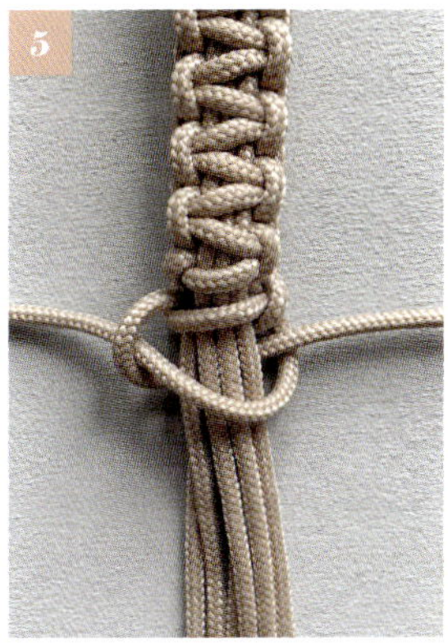

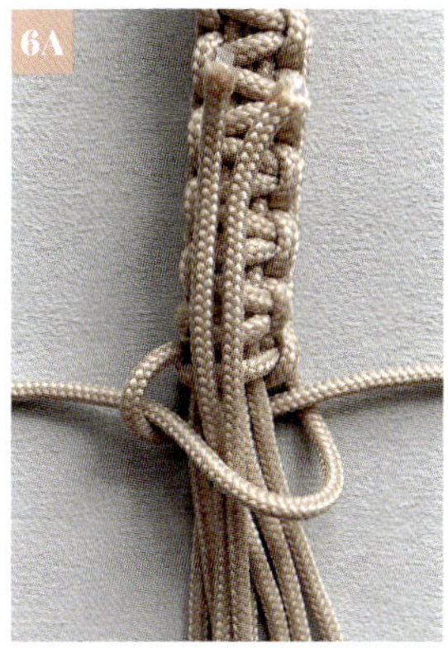

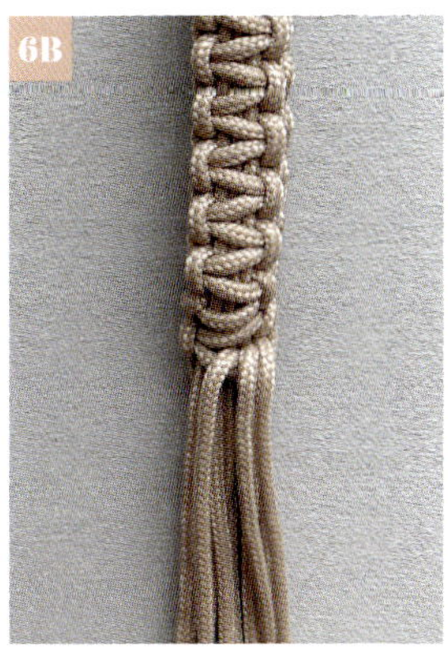

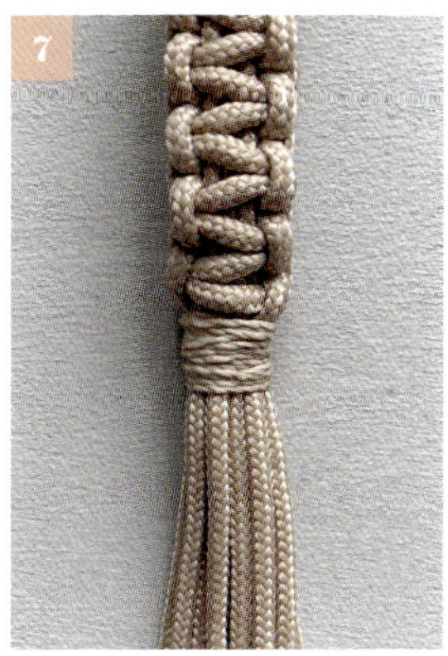

TIPP
Der Schlüsselanhänger wird auch mit anderen Garnvarianten ein echter Hingucker! Wie wäre es mit Strick- oder T-Shirt-Garn?

Crossbody Bag Gurt

mit raffiniertem Knüpfmuster

Länge: 134 cm

MATERIAL

- 2 Baumwollfäden in Natur, geflochten, ø 3 mm, 12 m lang
- 1 Baumwollfaden in Natur, geflochten, ø 3 mm, 30 cm lang
- 2 Messing-Karabiner, 3,5 cm
- Schere
- Bürste oder Kamm

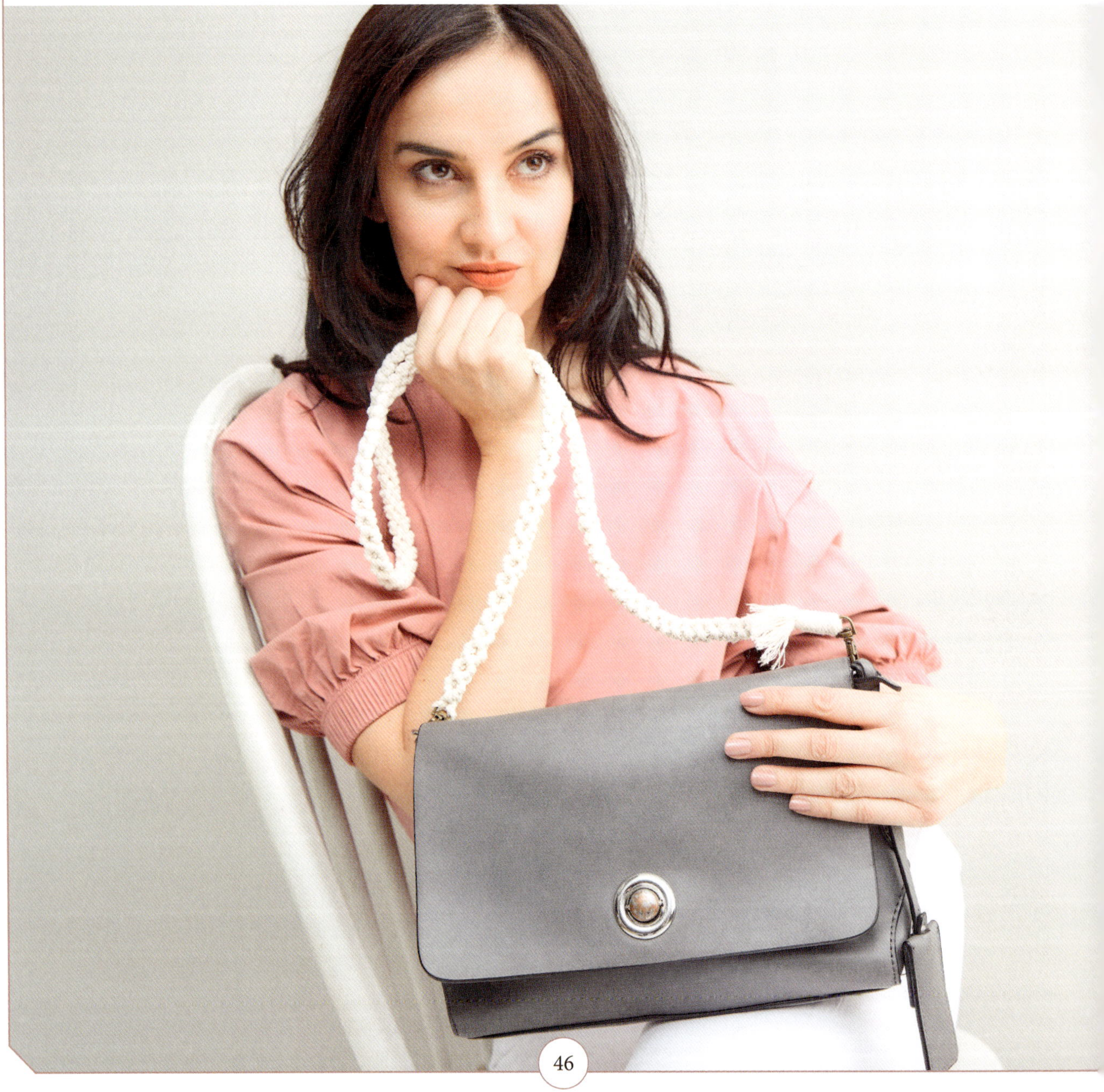

1. Befestige die beiden langen Fäden mit dem Ankerknoten am Karabiner. Die äußeren Fäden haben dabei eine Länge von 1,40 m und die inneren Fäden sind dementsprechend länger.

2. Lege den linken Faden über die beiden mittleren Fäden nach rechts und den rechten Faden nach links, sodass eine Schlaufe entsteht.

3. Ziehe die mittleren Fäden von hinten nach vorne über die Schlaufe.

4. Nun kannst du die beiden seitlichen Fäden festziehen.

5. Knote mit dem zweiten Faden von links (Arbeitsfaden) 1 Rippenknoten über den ersten Faden (Trägerfaden). Wiederhole diesen Schritt auch auf der rechten Seite.

6. Anschließend wiederholst du die Schritte 2-4 und schließt dadurch die Mitte.

7. Knüpfe das Muster, bis du deine Wunschlänge erreicht hast. Die Garnenden sollten eine Länge von 10 cm haben.

8. Ziehe jetzt die Fäden durch den Karabiner.

9. Befestige 1 2,5 cm langen Wickelknoten über allen Fäden.

10. Zuletzt werden die Fäden zugeschnitten und ausgekämmt.

TIPP

Der schmale Taschengurt kann auch mit längeren Fäden ganz einfach zur Handykette umfunktioniert werden.

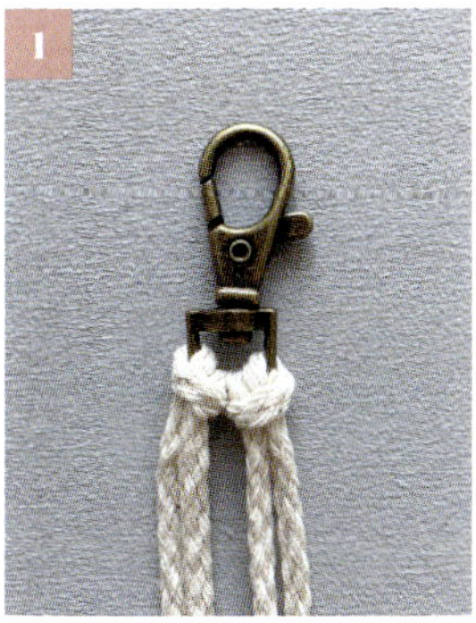

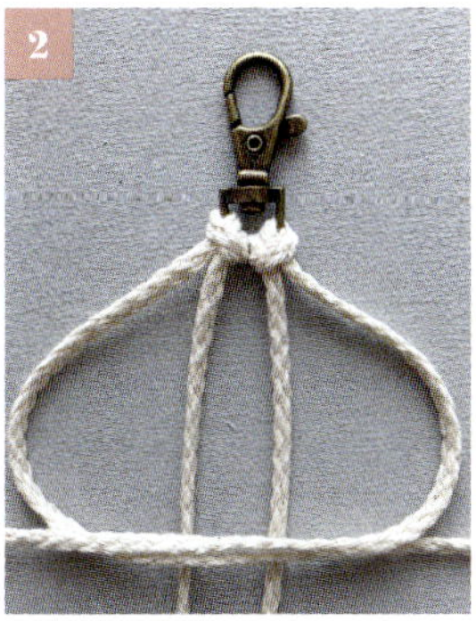

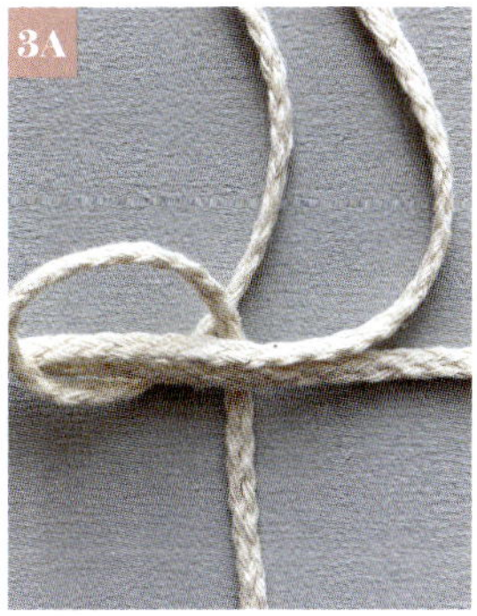

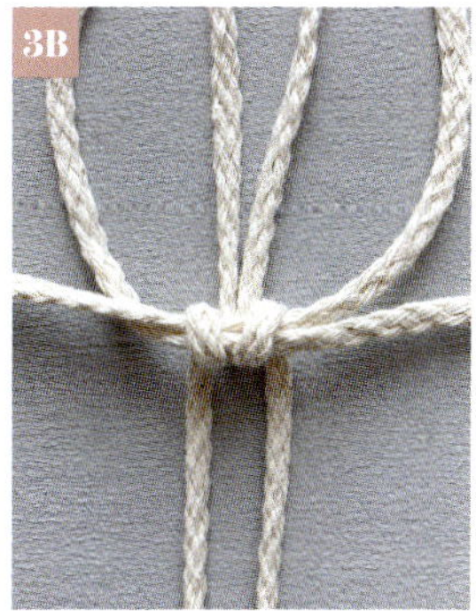

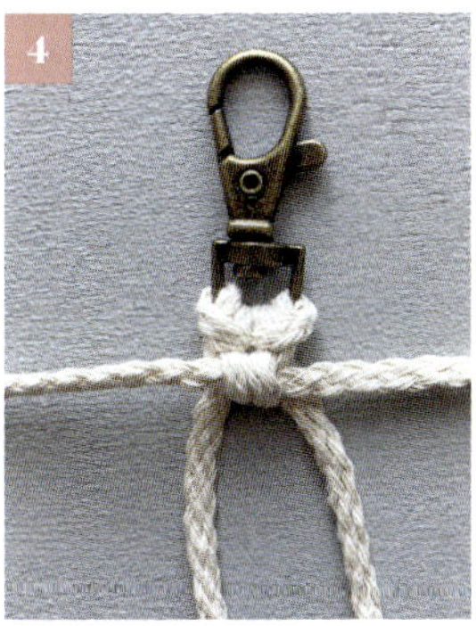

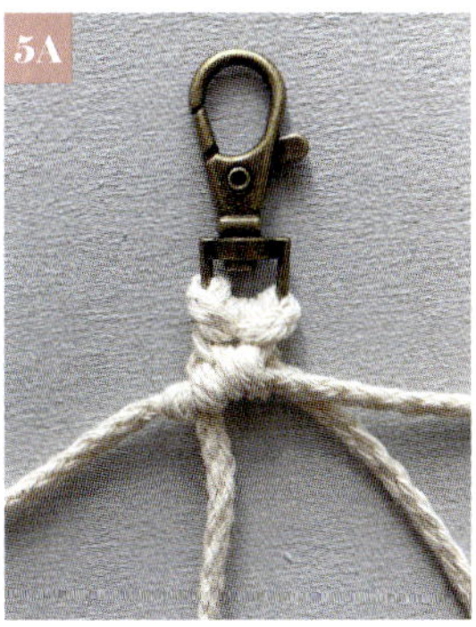

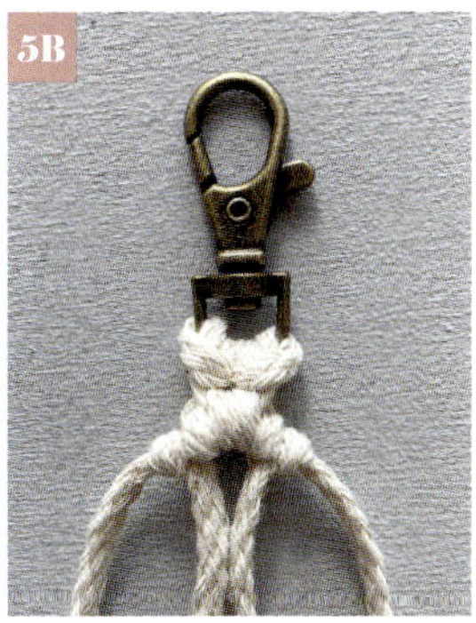

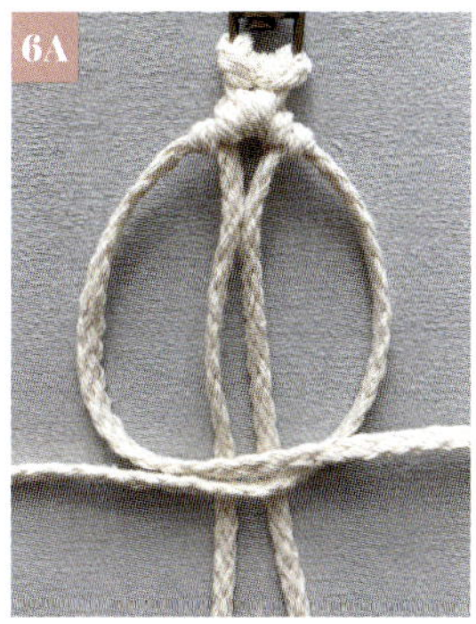

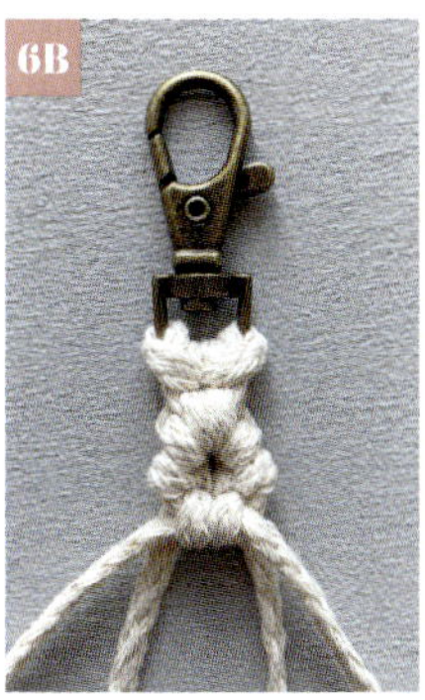

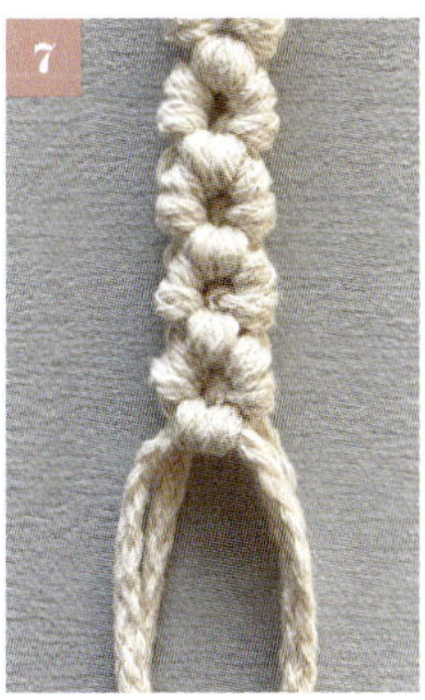

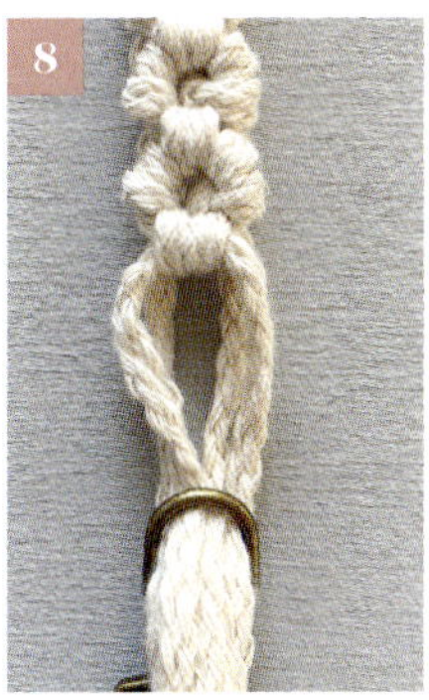

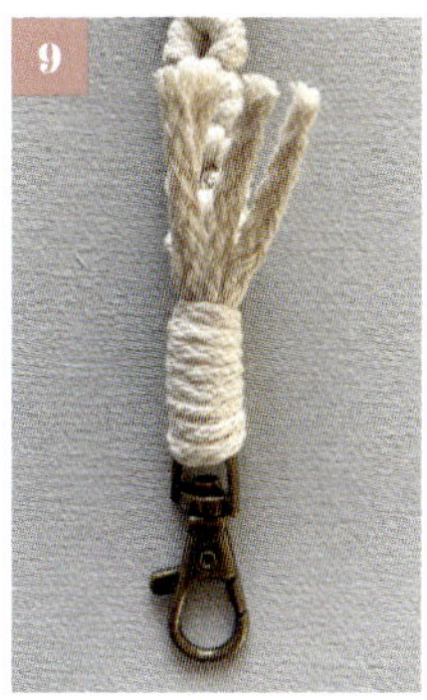

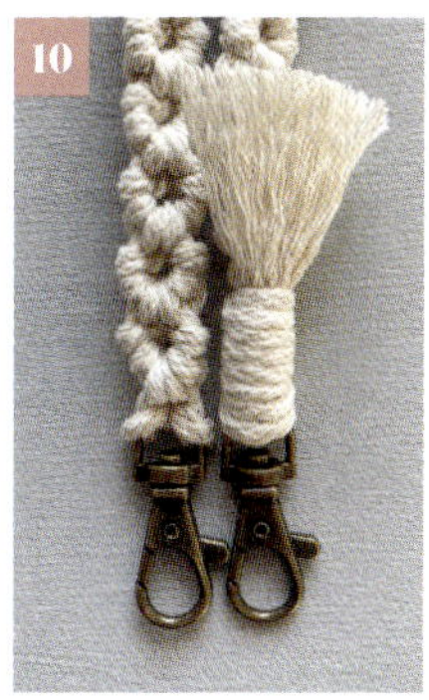

Blumen-Handykette

für einen verspielteren Look

Länge: 137 cm

MATERIAL

- 1 Baumwollfaden in Natur, geflochten, ø 3 mm, 12 m lang
- 1 Baumwollfaden in Beige, geflochten, ø 3 mm, 5 m lang
- 2 Baumwollfäden in Beige, geflochten, ø 3 mm, 50 cm lang
- 2 Messing-Karabiner, 2 cm
- 4 Perlen in Rosé, ø 1 cm
- 2 Perlen in Weiß, ø 1 cm
- Faden in Weiß
- Nadel
- Schere
- Bürste oder Kamm

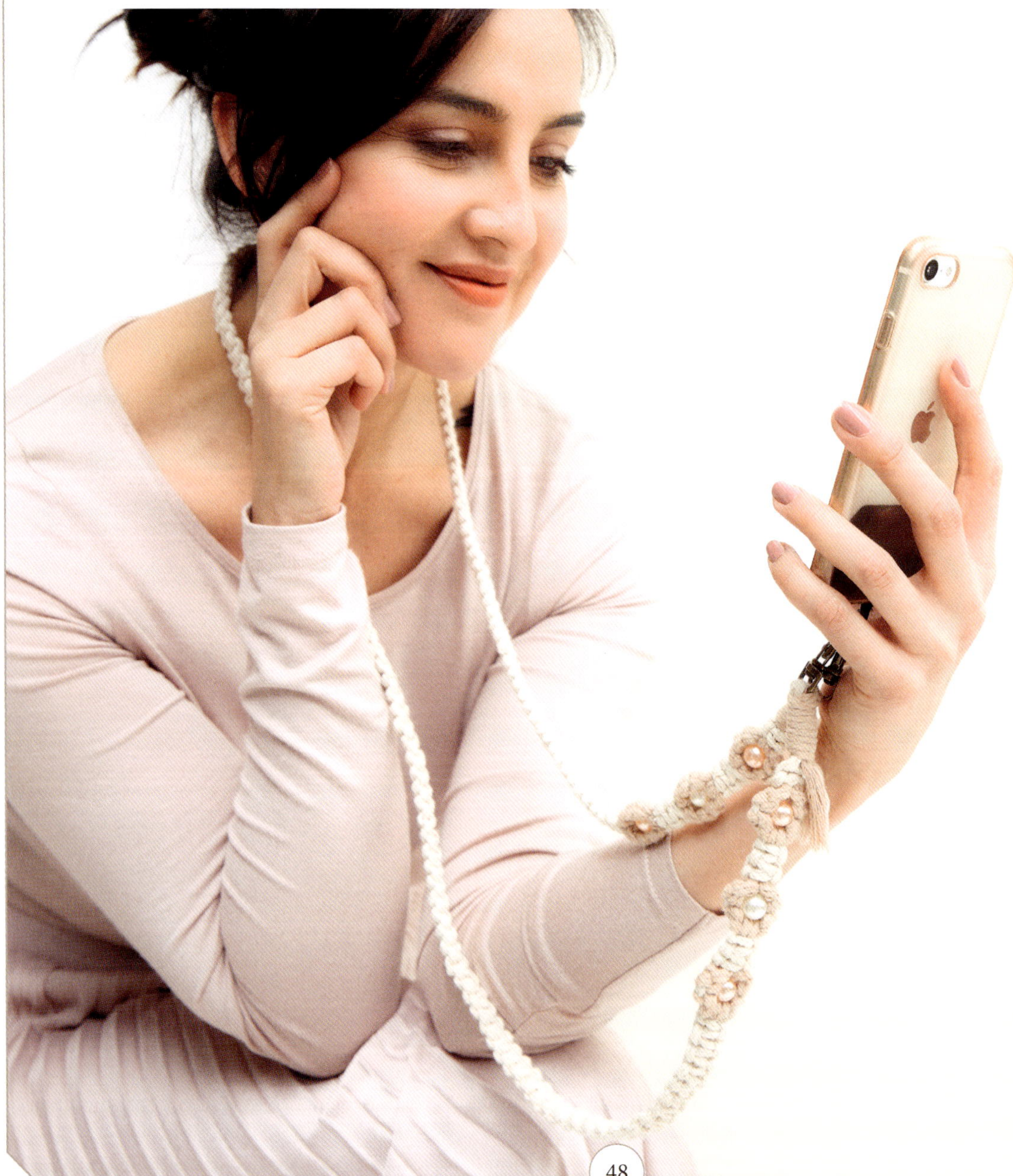

1. Ziehe die beiden langen Fäden durch den Karabiner.

2. Befestige mit 1 kurzen beigen Faden 1 Wickelknoten unterhalb des Karabiners.

3. Nun knüpfst du 1 Kreuzknoten.

4. Lege den linken Faden über die beiden mittleren Fäden nach rechts und den rechten Faden nach links, sodass eine Schlaufe entsteht.

5. Ziehe die beigefarbenen Fäden von hinten nach vorne über die beiden hellen Fäden.

6. Nun kannst du die hellen Fäden festziehen.

7. Knote mit dem beigen Faden links 1 Rippenknoten über das naturfarbene Garn. Wiederhole diesen Schritt auch auf der rechten Seite.

8. Anschließend nimmst du das helle Garn und legst es zur Mitte. Knote erneut 1 Rippenknoten mit dem beigen Faden. Hierbei sollte eine Kurve entstehen. Wiederhole diesen Schritt ebenfalls auf der rechten Seite.

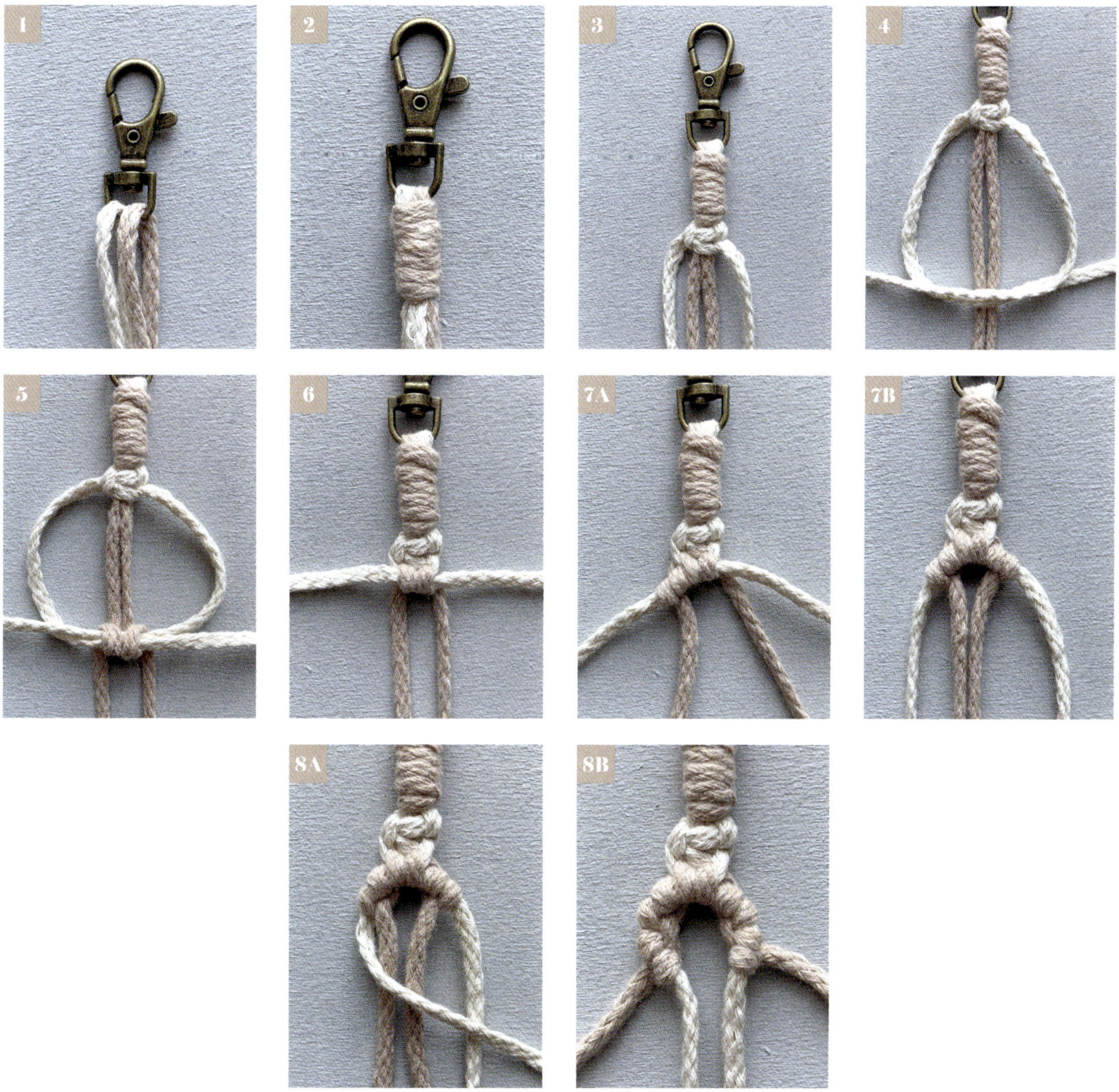

9. Die hellen Fäden werden nun erneut zu einer Schlaufe zurechtgelegt. Wiederhole die Schritte 5 und 6, damit sich die Blume schließt.

10. Knüpfe jetzt 2 Kreuzknoten untereinander.

11. Wiederhole die Arbeitsschritte 4-10, bis du insgesamt 3 Blumen geknüpft hast.

12. Danach folgen 103 cm lang Kreuzknoten untereinander.

13. Unterhalb der Kreuzknoten entstehen erneut 3 Blumen nach den Arbeitsschritten 4-10.

14. Drehe die Handykette auf die Rückseite und ziehe den Karabiner durch die Garnenden. Der Abstand zwischen Kreuzknoten und dem Karabiner sollte bei 2 cm liegen.

15. Befestige über allen Fäden 1 Wickelknoten mit dem letzten beigen Faden.

16. Die Fadenenden kannst du jetzt abschneiden und auskämmen.

TIPP

Wenn du keine Fransen am Ende deiner Handykette haben möchtest, kannst du einfach die letzten Arbeitsschritte des Taschengurts auf Seite 29 befolgen.

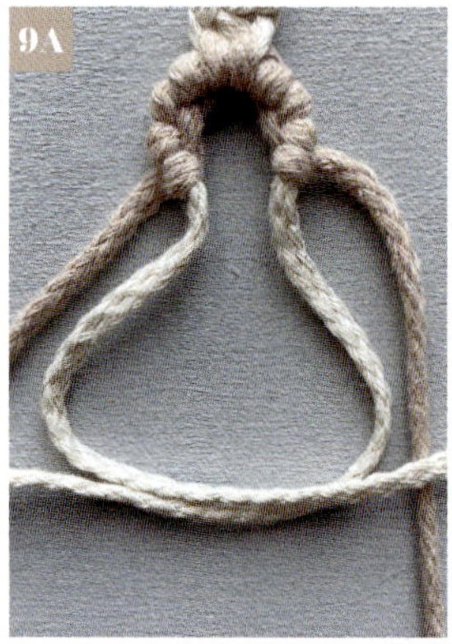

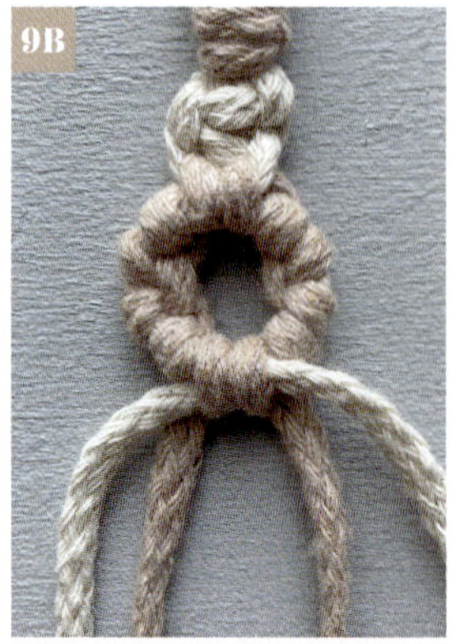

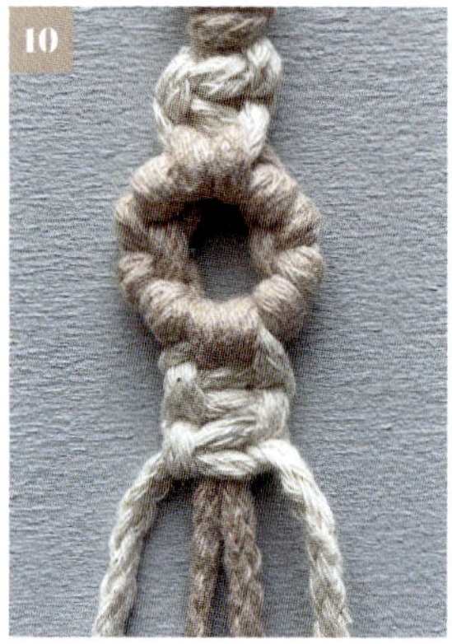

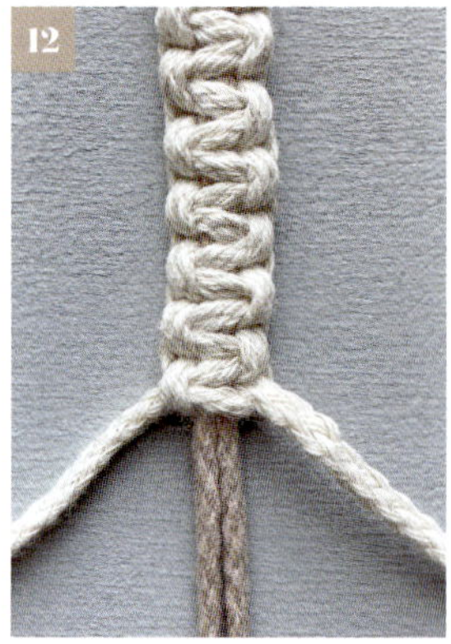

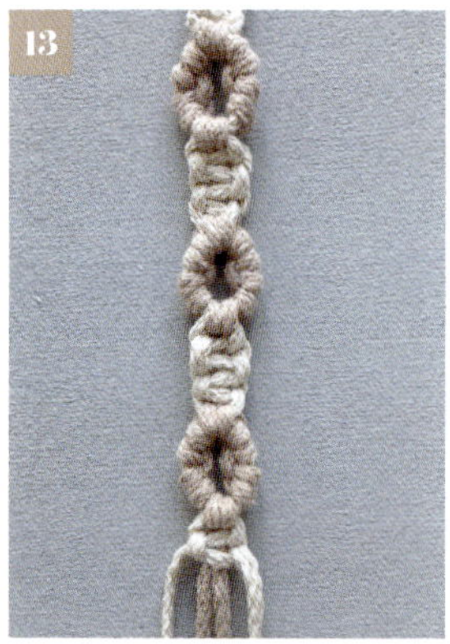

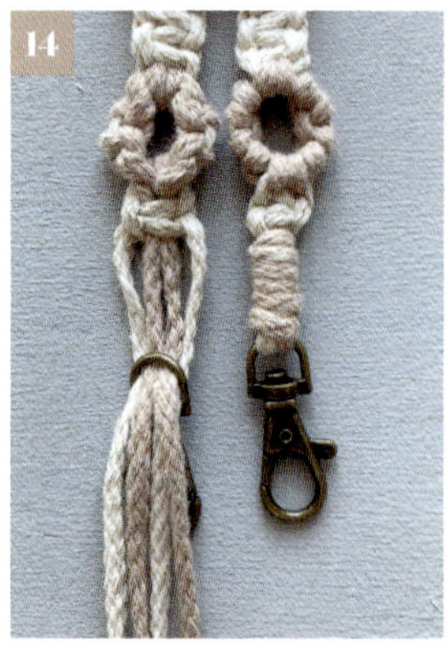

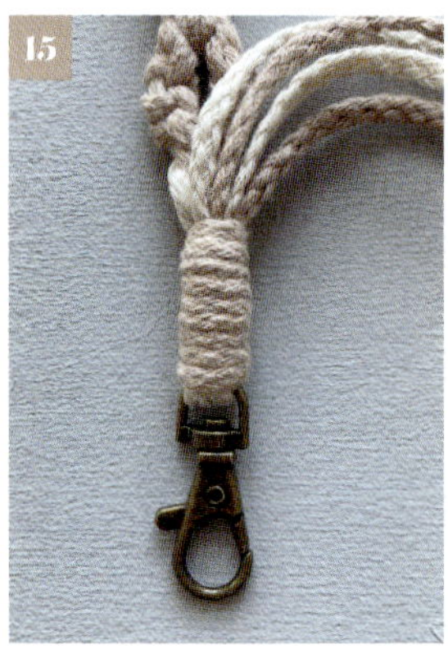

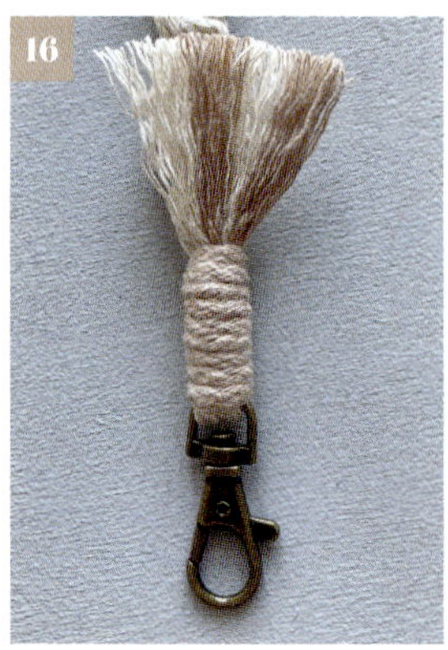

Beiger Taillen-gürtel

mit Fransen

Länge: 130 cm

MATERIAL

- 4 Baumwollfäden in Beige, geflochten, ø 3 mm, 12 m lang
- Gürtelschnalle in Gold, 2 cm x 2,5 cm
- Schere
- Bürste oder Kamm

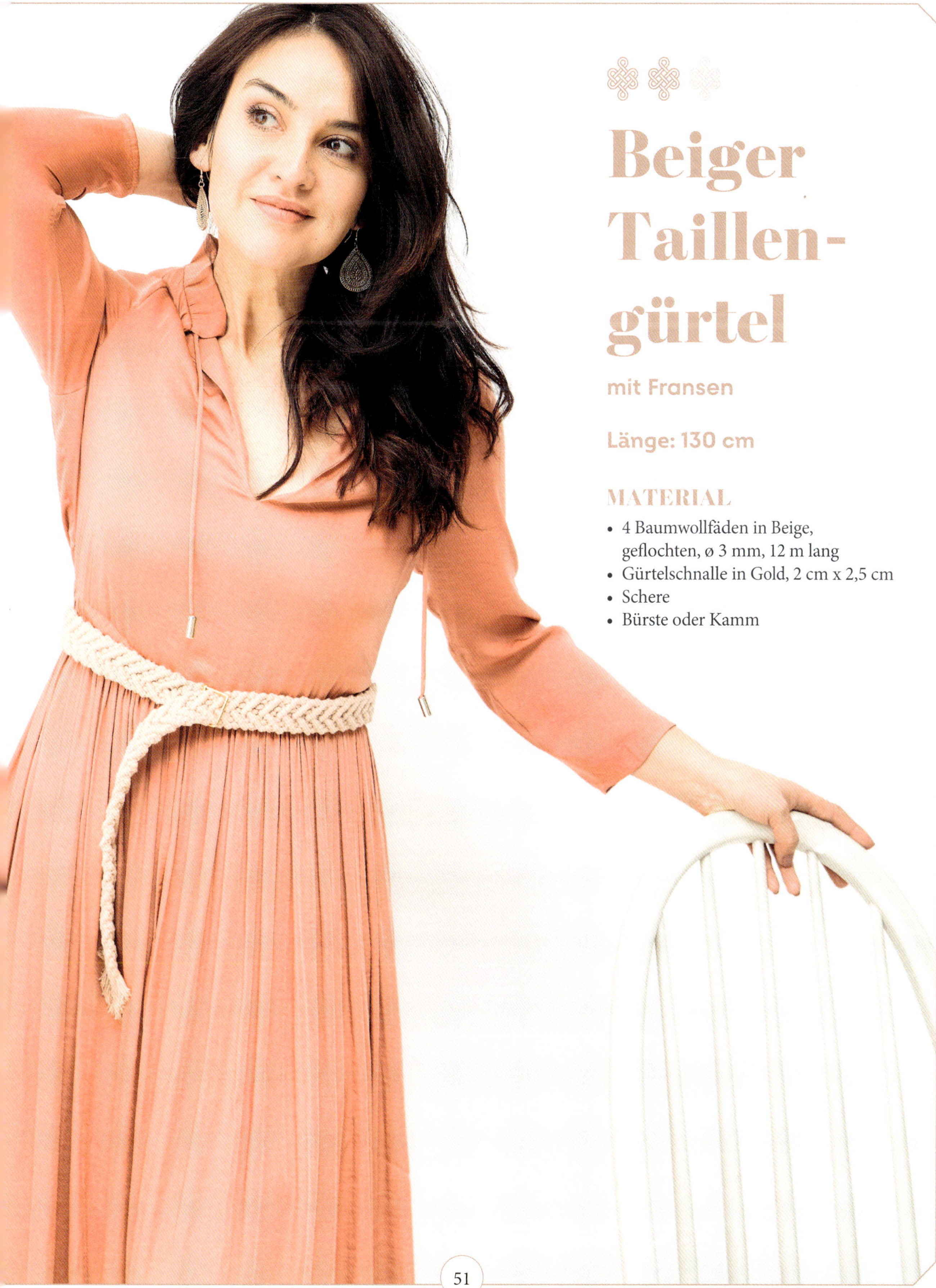

1. Befestige alle 4 Fäden mit dem Ankerknoten an der Gürtelschnalle.

2. Knote 2 Kreuzknoten nebeneinander.

3. Aus den mittigen 4 Fäden entsteht nun 1 weiterer Kreuzknoten.

4. Nimm den linken äußeren Faden (Trägerfaden) und lege ihn entlang der Kreuzknoten zur Mitte. Knüpfe 3 Rippenknoten schräg nach rechts.

5. Jetzt nimmst du den rechten äußeren Faden und knüpfst ebenfalls 3 schräge Rippenknoten nach links.

6. Die Mitte wird mit 1 weiteren Rippenknoten geschlossen, indem der rechte Faden als Trägerfaden und der linke Faden als Arbeitsfaden dient.

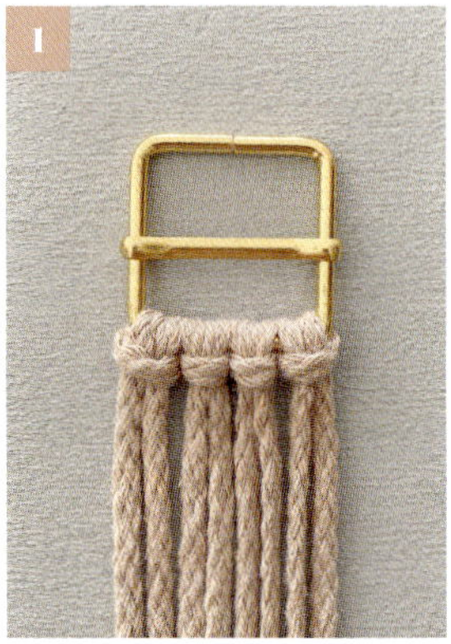

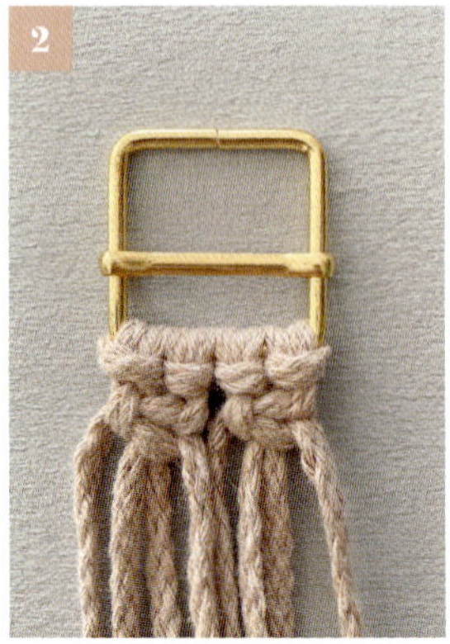

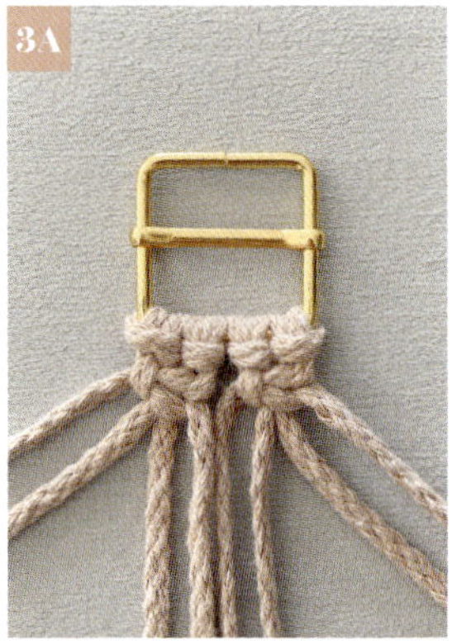

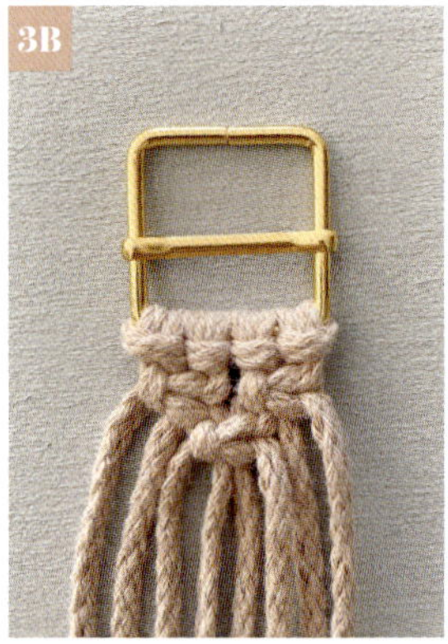

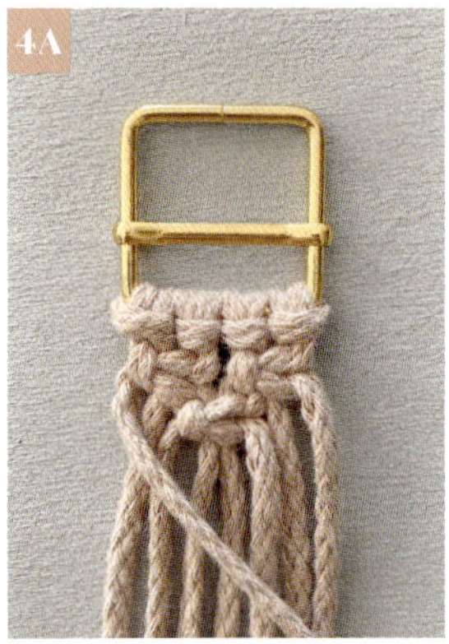

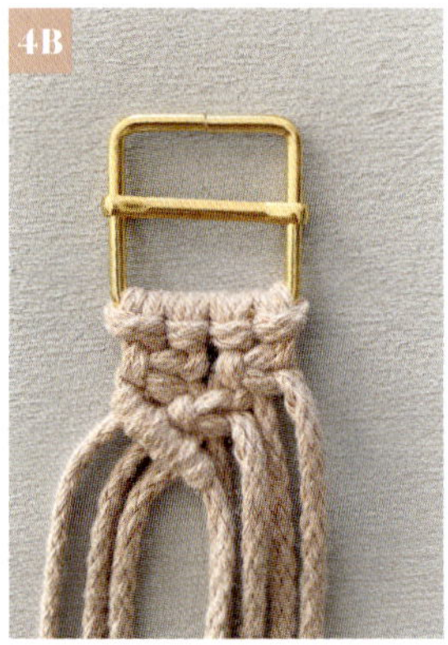

TIPP

Du möchtest keine Fransen am Ende? Kein Problem, du kannst die Enden einfach auf der Rückseite verkleben wie z.B. beim gemusterten Gürtel auf Seite 58.

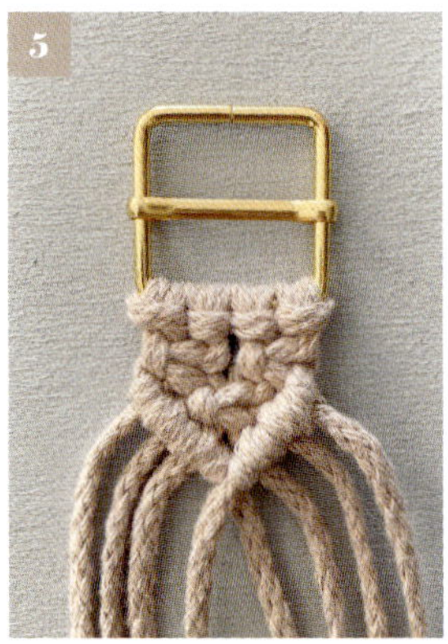

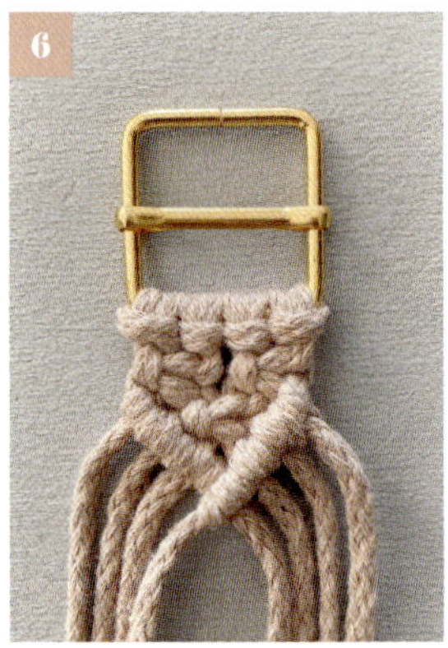

7. Drehe den Gürtel um und knüpfe erneut mit den beiden äußeren Fäden je 3 schräge Rippenknoten. Schließe auch hier wieder die Mitte mit 1 Rippenknoten.

8. Nun wendest du den Gürtel und wiederholst die Arbeitsschritte 4-7, bis du deine Wunschlänge des Gürtels erreicht hast. Die Fäden sollten am Ende eine Länge von 20 cm haben.

9. Es folgen 2 weitere Reihen Rippenknoten auf der Vorderseite des Gürtels.

10. Abschließend schneidest du die Enden schräg zu und kämmst die Enden aus.

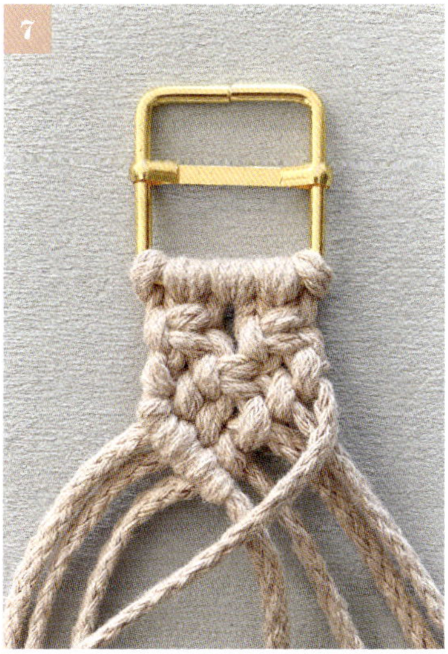
7

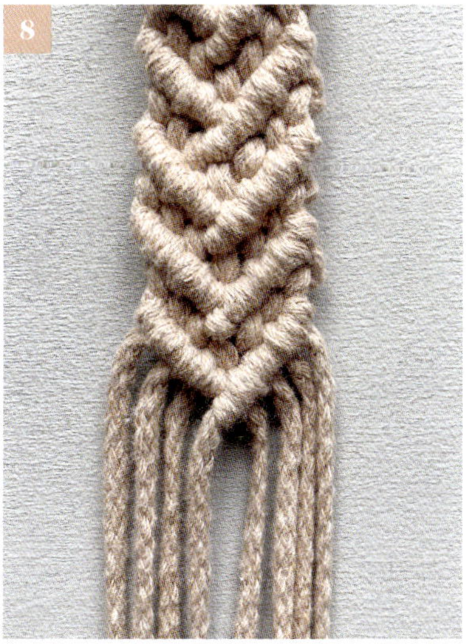
8

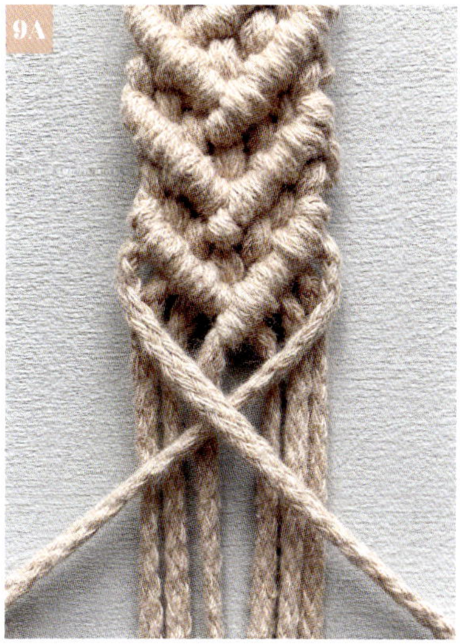
9A

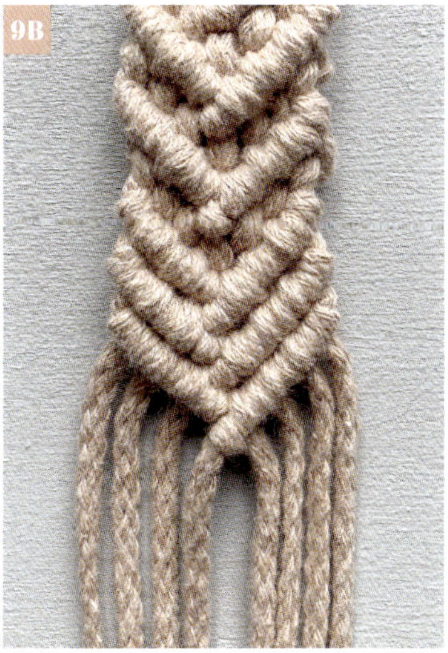
9B

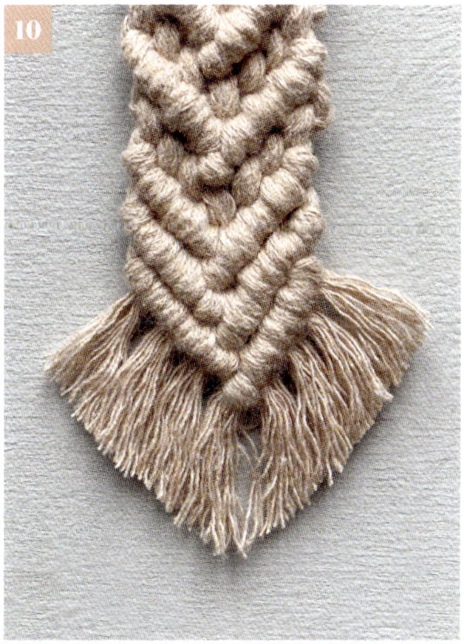
10

Paracord-Schlüsselbund

mit Herzkarabiner

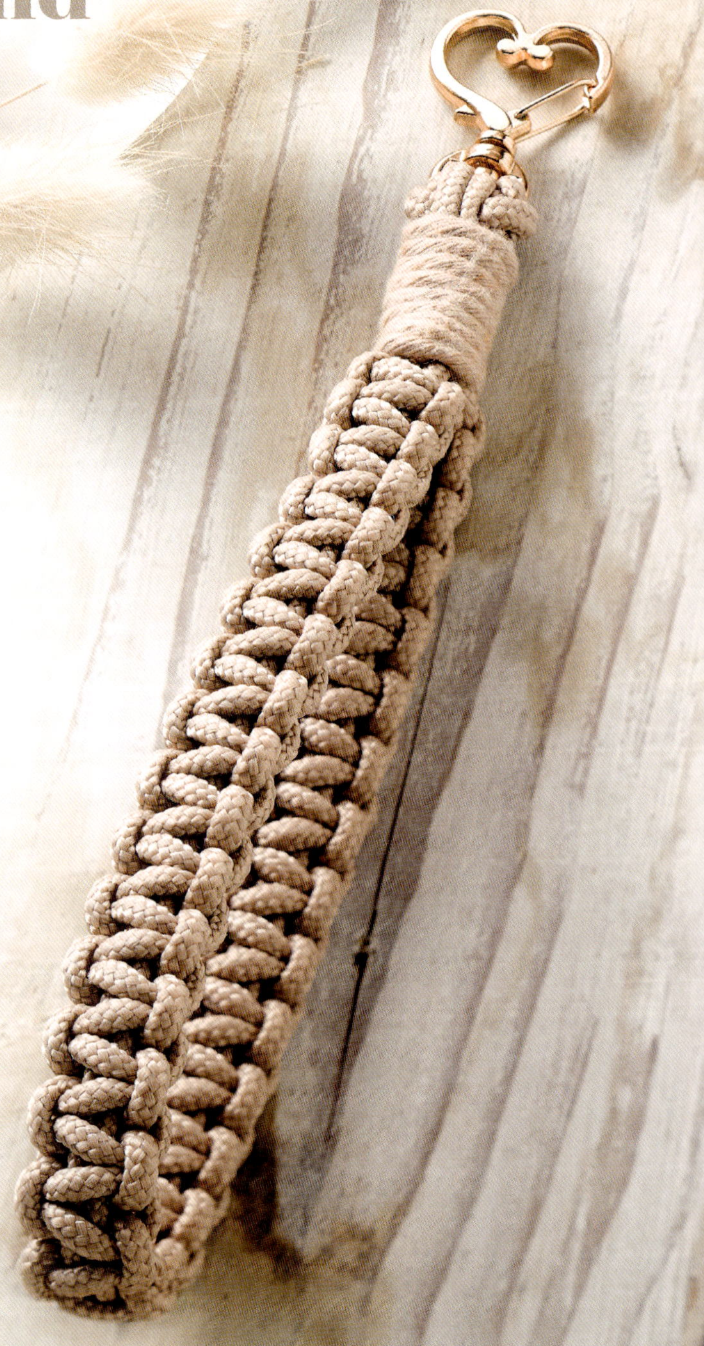

Länge: 19 cm

MATERIAL

- 2 Paracordschnüre in Beige, ø 3 mm, 2,5 m lang
- 1 Baumwollfaden in Beige, gezwirnt, ø 3 mm, 70 cm lang
- 1 Herz-Karabiner in Gold, 2 cm
- Schere
- Heißkleber

1. Knote beide Paracordschnüre mit dem Ankerknoten an den Herz-Karabiner, sodass die mittleren Fäden eine Länge von 50 cm haben.

2. Lasse zwischen dem ersten Knoten und dem Karabiner 5 cm frei. Darunter knüpfst du Kreuzknoten in einer Länge von ca. 22 cm.

3. Nun ziehst du die beiden äußeren Fäden durch die letzten 2 Kreuzknoten. Schneide die Enden ab und verklebe sie mit Heißkleber.

4. Die beiden mittleren Fäden ziehst du durch die Öse des Karabiners.

5. Trage auf die Paracordschnüre Heißkleber auf und drücke die Enden fest. Schneide auch hier die Enden der Fäden ab.

6. Nimm nun das gezwirnte Garn und befestige über der Klebestelle 1 Wickelknoten.

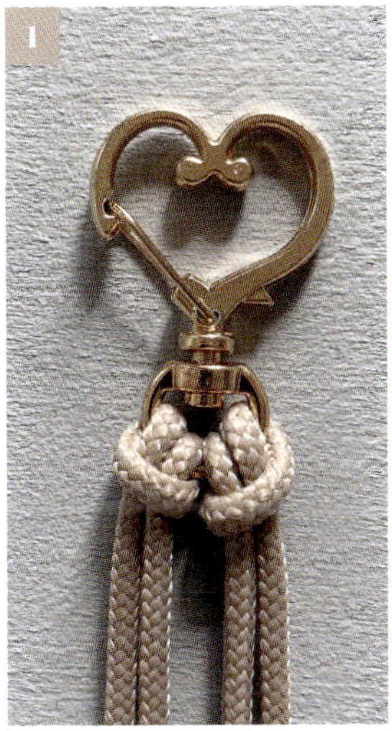

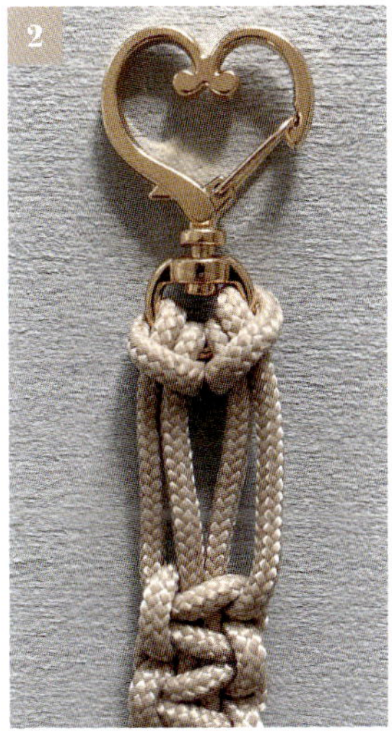

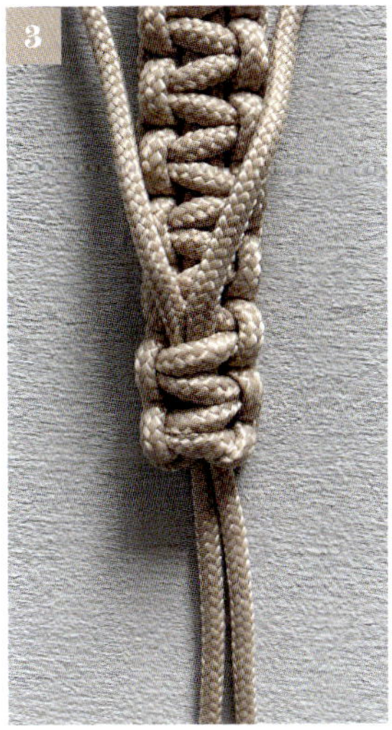

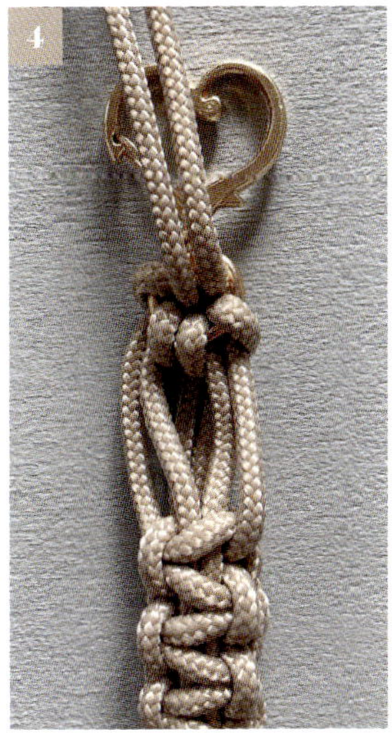

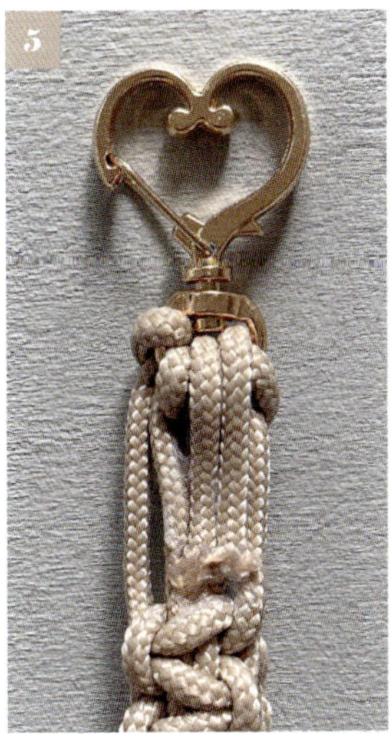

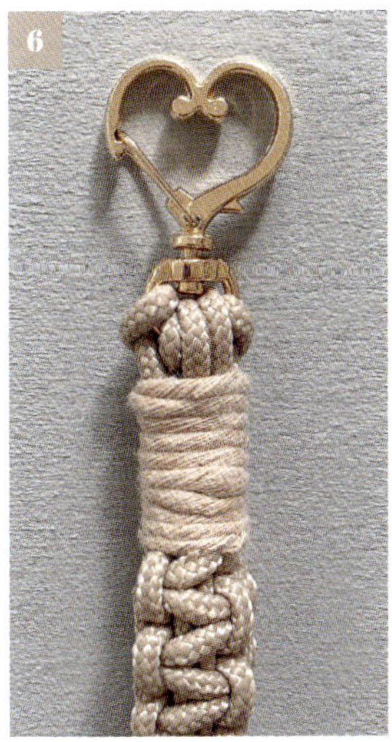

TIPP

Paracord gibt es auch in vielen knalligen Farben. Du kannst dich farblich also so richtig austoben, damit du immer weißt, wo dein Schlüssel ist.

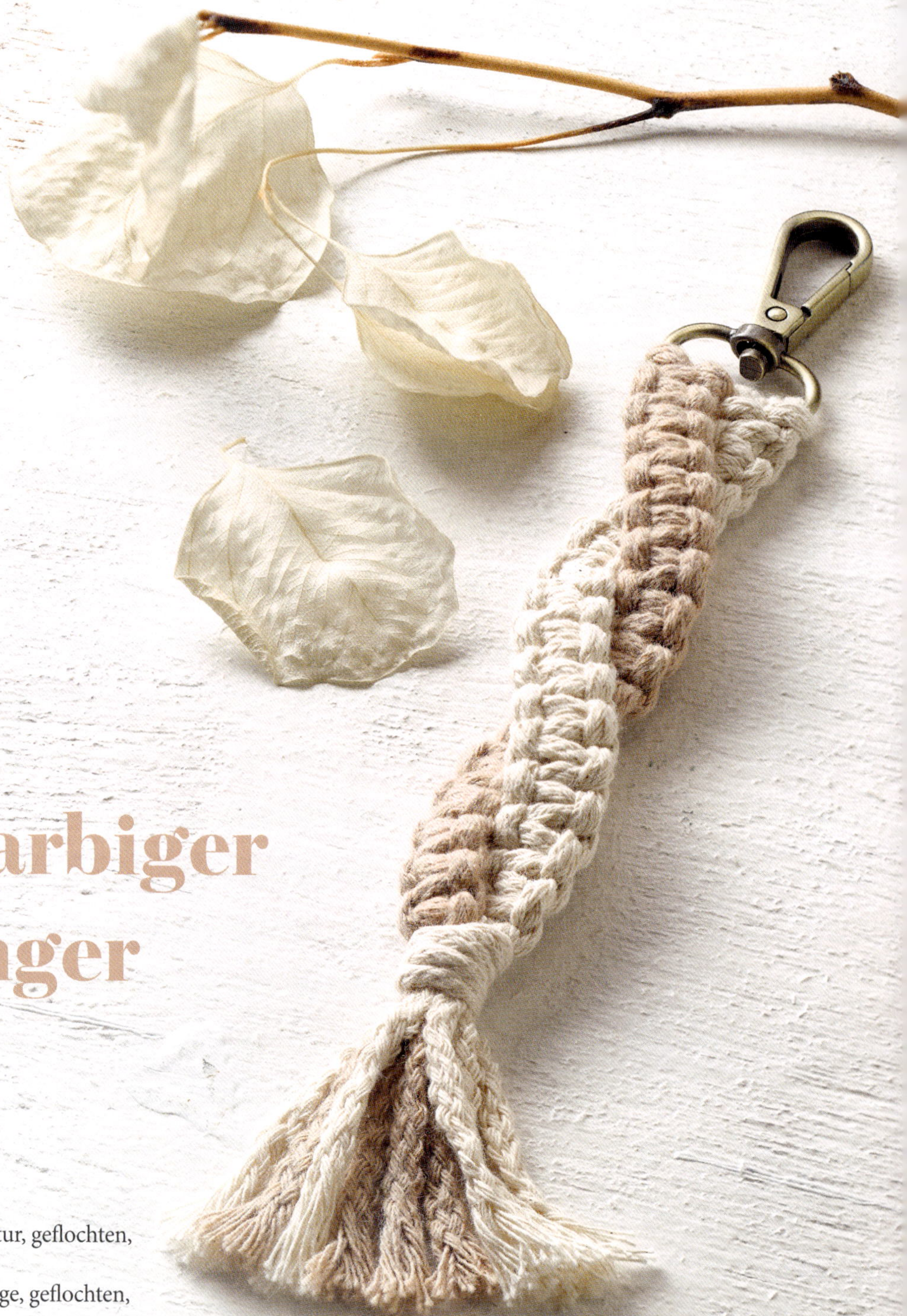

Zweifarbiger Anhänger

mit Twist

Länge: 21 cm

MATERIAL

- 2 Baumwollfäden in Natur, geflochten, ø 3 mm, 1, 1 m lang
- 2 Baumwollfäden in Beige, geflochten, ø 3 mm, 1,1 m lang
- 1 Baumwollfaden in Natur, geflochten, ø 3 mm, 40 cm lang
- 1 Karabiner in Gold
- Schere

1. Befestige alle 4 Fäden mit dem Ankerknoten am Karabiner. Achte darauf, dass jeweils die beiden beigen mittigen und beide naturfarbenen mittigen Fäden eine Länge von 26 cm haben.

2. Nun knüpfst du 1 Kreuzknoten unterhalb des Karabiners.

3. Knote mit beiden Farben je 16 Kreuzknoten untereinander.

4. Jetzt kannst du die beiden Stränge nach Belieben eindrehen.

5. Zuletzt befestigst du 1 Wickelknoten und schneidest die Enden ab.

TIPP

Du kannst die Fäden auch verlängern und aus dem Anhänger einen eingedrehten Gürtel knüpfen.

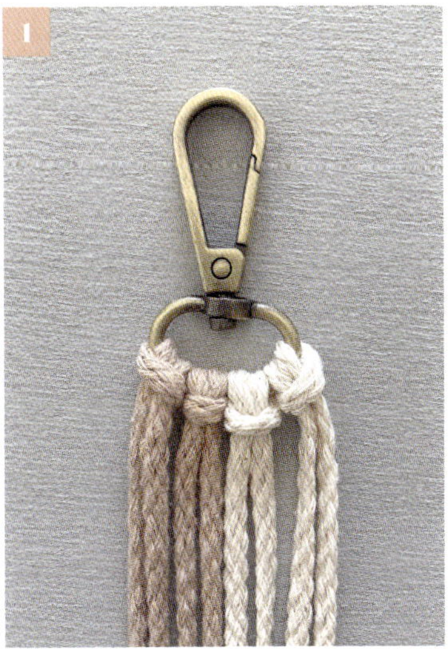

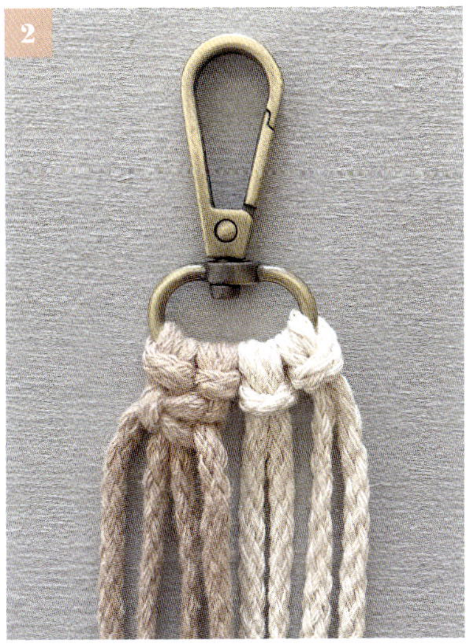

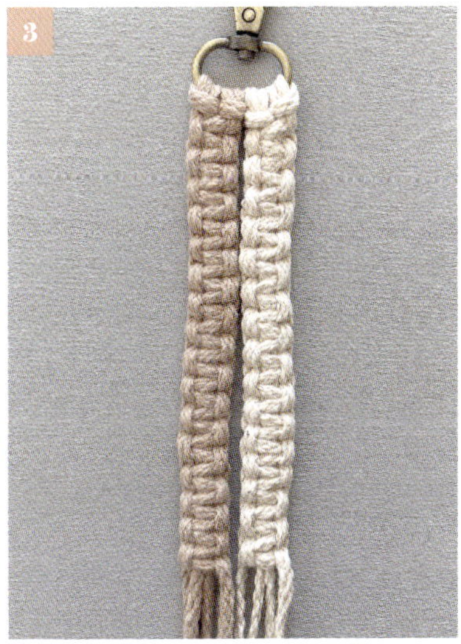

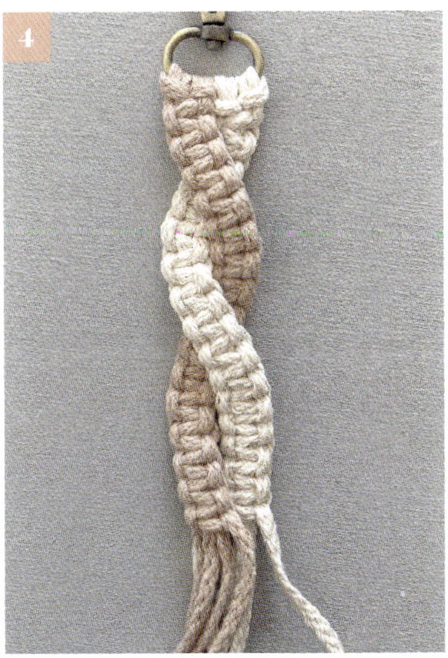

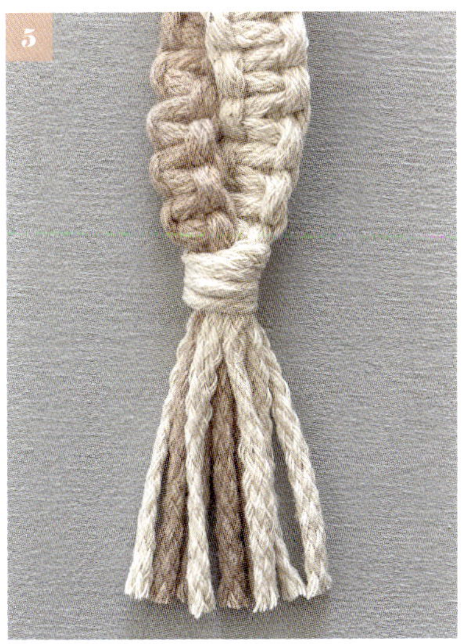

Schmaler Gürtel

mit schrägen Streifen

Länge: 1,22 m

MATERIAL

- 1 Baumwollfaden in Natur/Gold, gezwirnt, ø 3 mm, 12 m lang
- 1 Baumwollfaden in Beige, gezwirnt, ø 3 mm, 12 m lang
- 1 Baumwollfaden in Braun, gezwirnt, ø 3 mm, 12 cm lang
- 2 Baumwollfäden in Natur, gezwirnt, ø 3 mm, 60 cm lang
- 2 Baumwollfäden in Beige, gezwirnt, ø 3 mm, 60 cm lang
- 1 Gürtelschnalle in Messing-Gold, 2 cm x 2,5 cm
- Schere
- Heißkleber

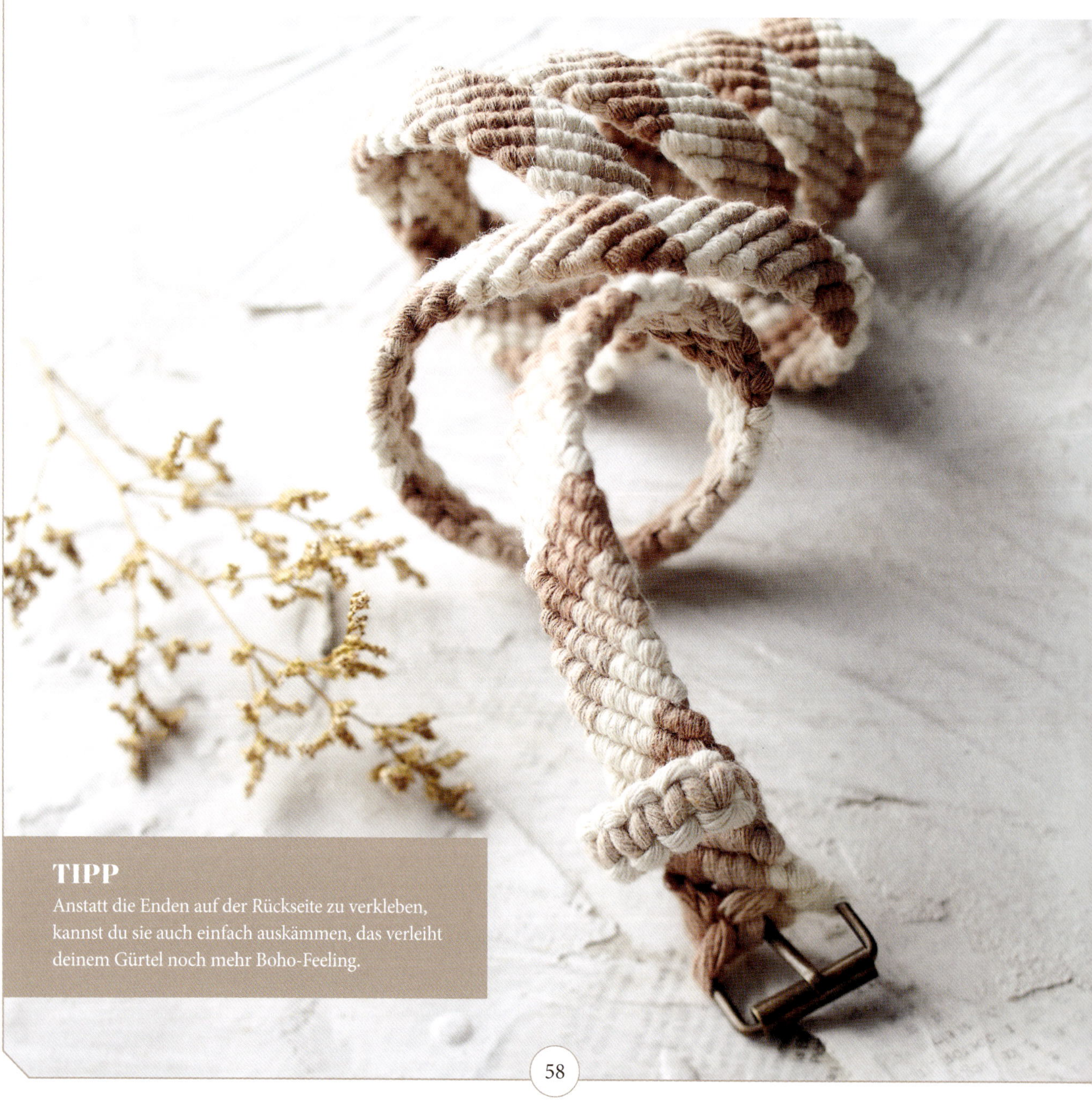

TIPP

Anstatt die Enden auf der Rückseite zu verkleben, kannst du sie auch einfach auskämmen, das verleiht deinem Gürtel noch mehr Boho-Feeling.

1. Befestige die 3 12 m langen Fäden mit dem Ankerknoten an der breiten Seite der Gürtelschnalle.

2. Nimm den linken Faden und lege ihn schräg nach rechts über alle anderen Fäden.

3. Knüpfe jetzt 5 schräge Rippenknoten nach rechts unten.

4. Anschließend nimmst du erneut den linken äußeren Faden, legst ihn entlang der Reihe Rippenknoten und knüpfst wieder 5 Rippenknoten.

5. Nun knüpfst du Reihe für Reihe Rippenknoten, bis du deine Wunschlänge erreicht hast. Es müssen mindestens 2 cm am Ende des Garns übrigbleiben.

6. Die Garnenden werden auf der Rückseite mit Heißkleber verklebt.

7. Für die Gürtelschlaufe nimmst du die 4 übriggebliebenen Fäden und legst sie gleichmäßig nebeneinander.

8. Knote mit den äußeren Fäden 1 Kreuzknoten. Insgesamt knüpfst du 5 Kreuzknoten untereinander.

9. Nun ziehst du die Enden der Kreuzknoten durch die 3 Reihen Rippenknoten des Gürtels.

10. Auch durch die dritte Reihe werden die Enden wieder mit Heißkleber auf der Rückseite verklebt.

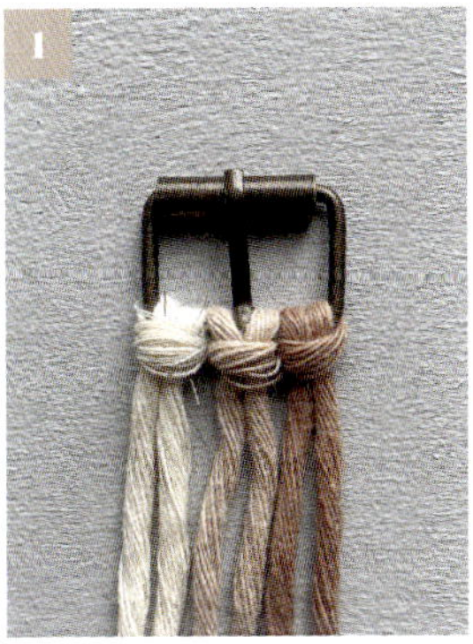

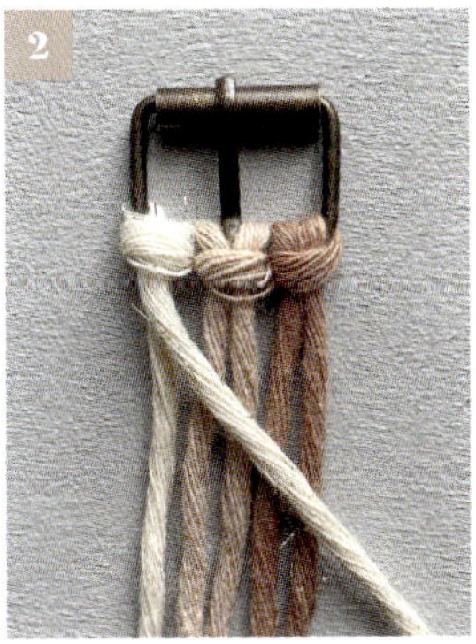

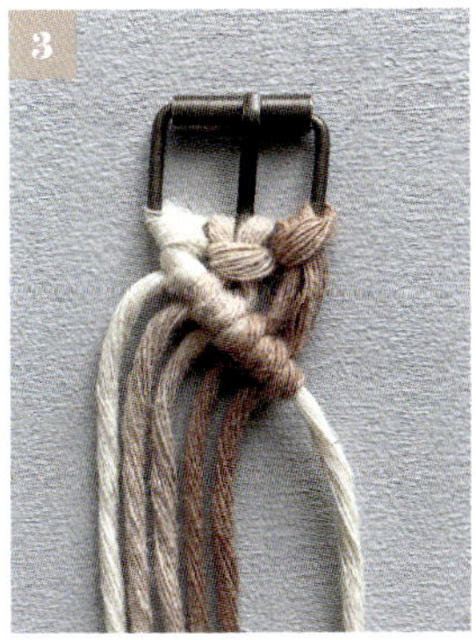

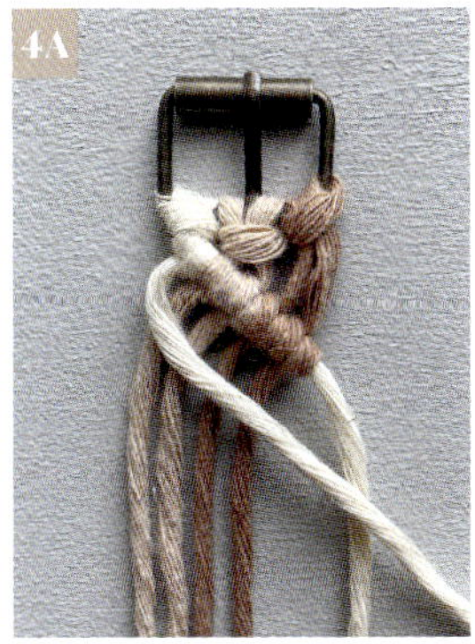

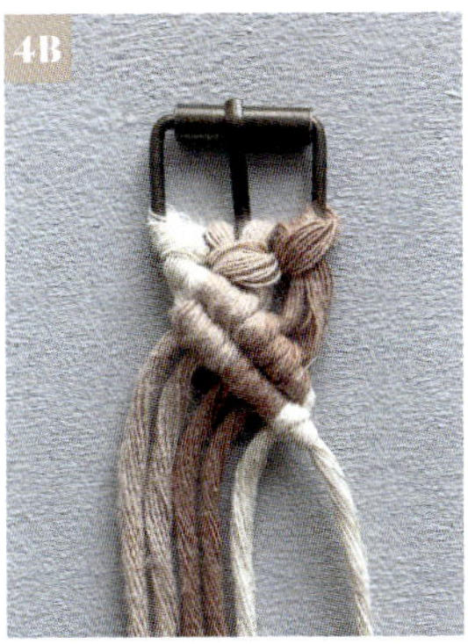

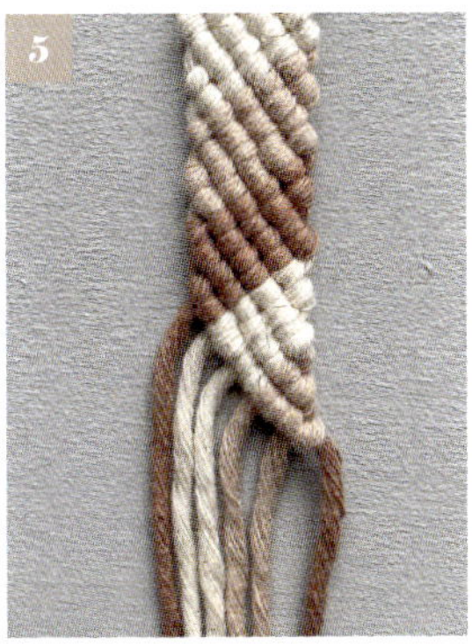

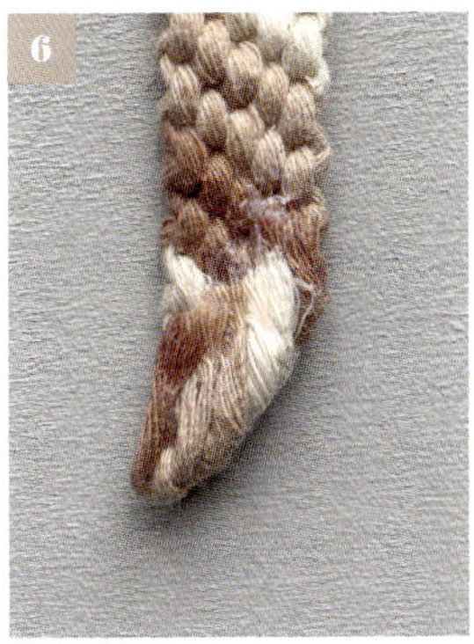

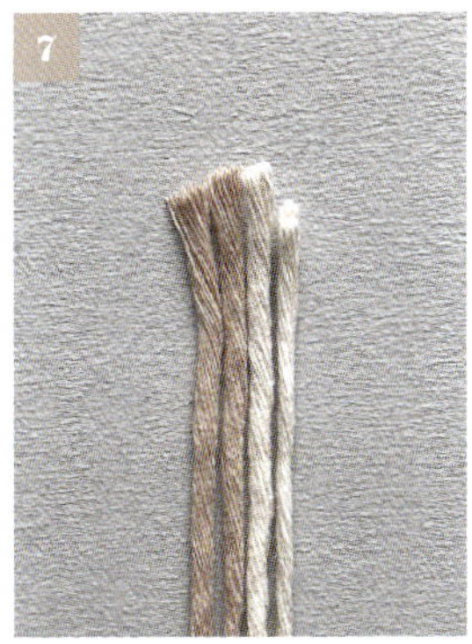

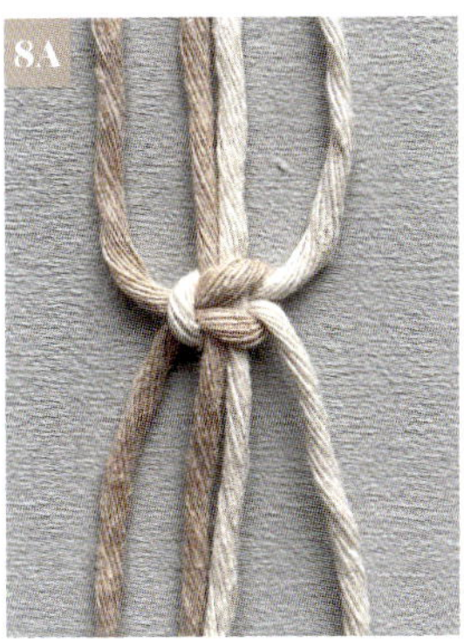

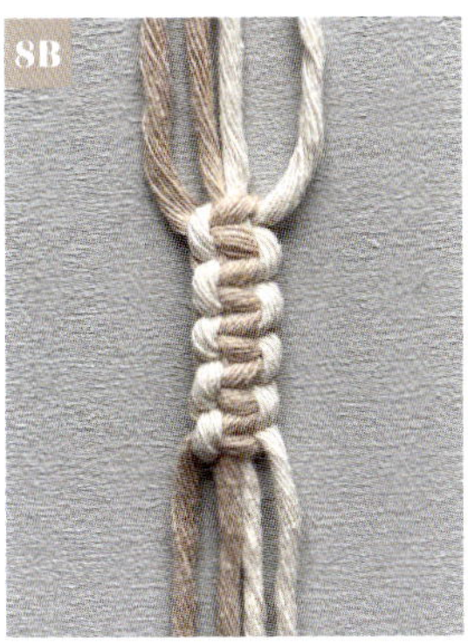

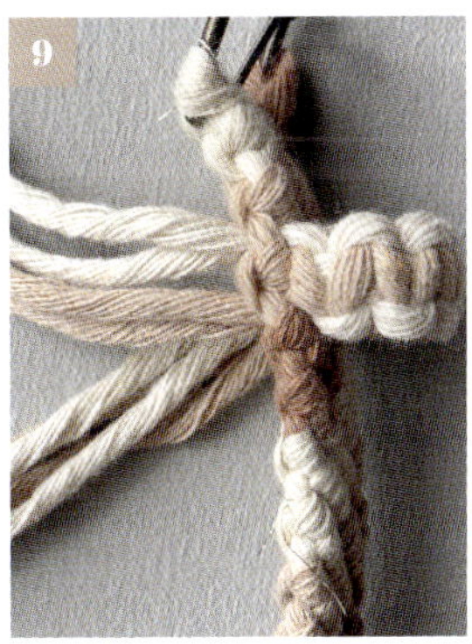

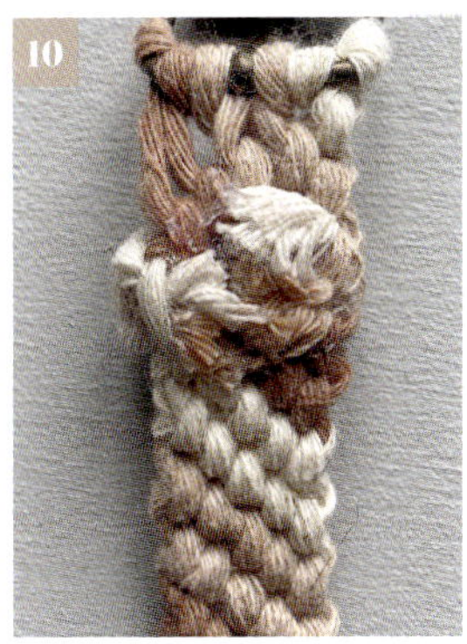

Noch mehr Makramee-Ideen für dich:

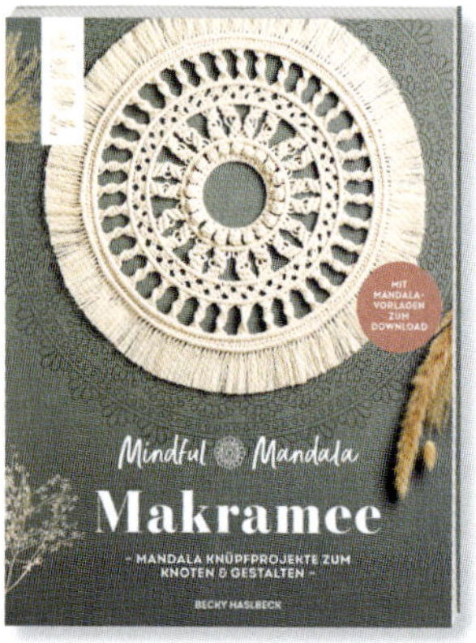

ISBN 978-3-7358-5186-4

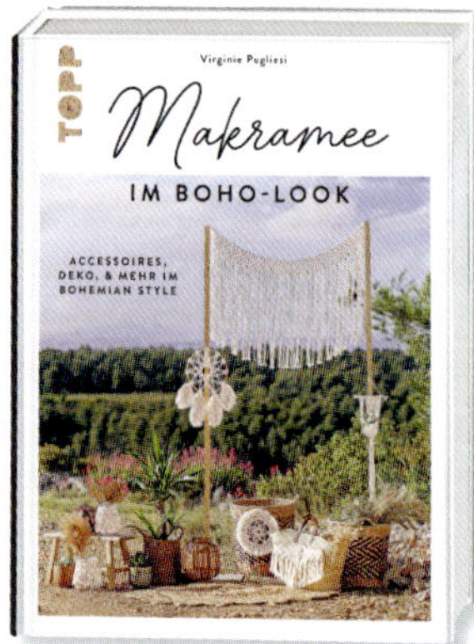

ISBN 978-3-7358-5031-7

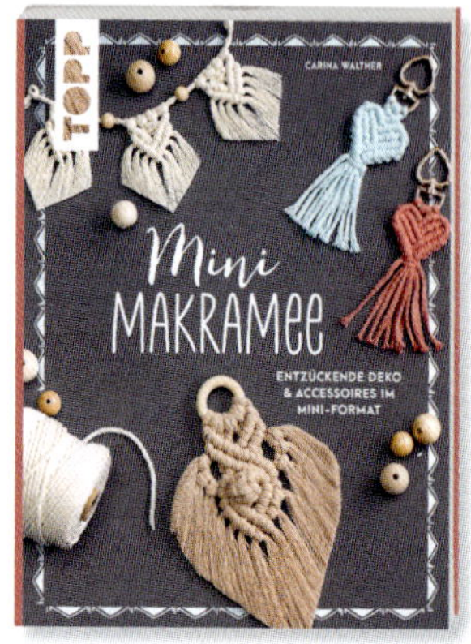

ISBN 978-3-7358-5105-5

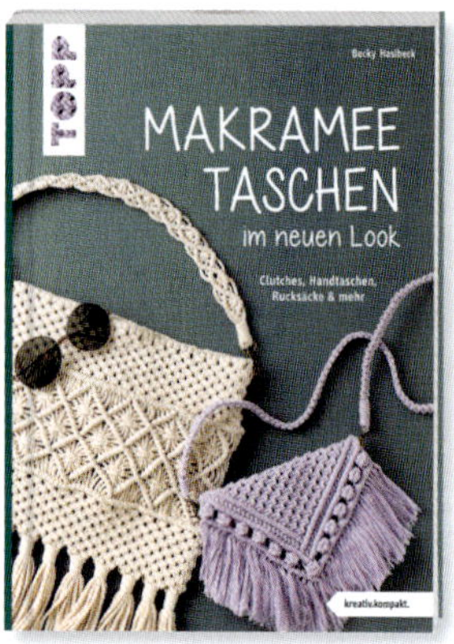

ISBN 978-3-7358-5026-3

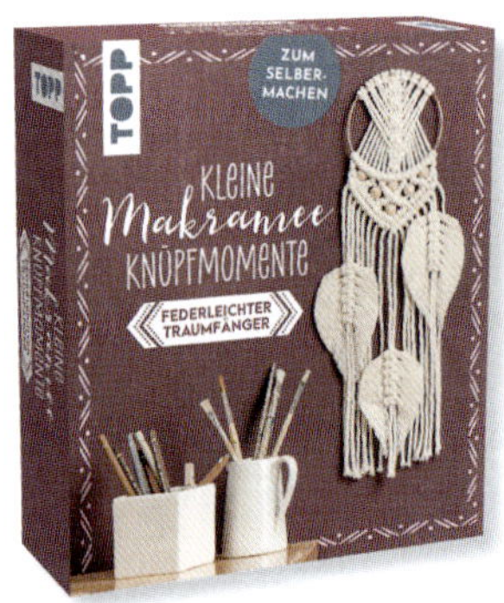

GTIN 4007742184223

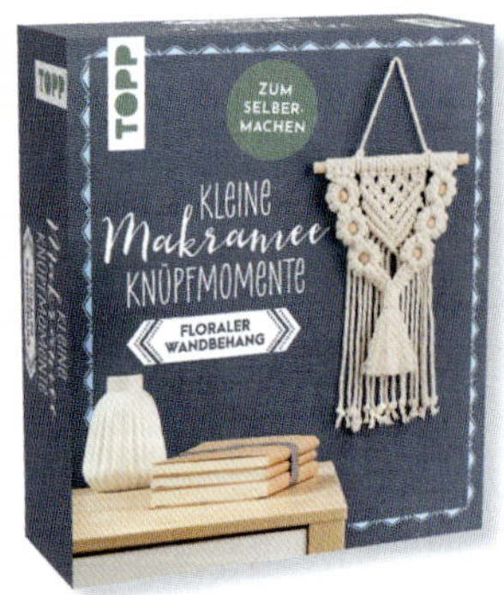

GTIN 4007742184216

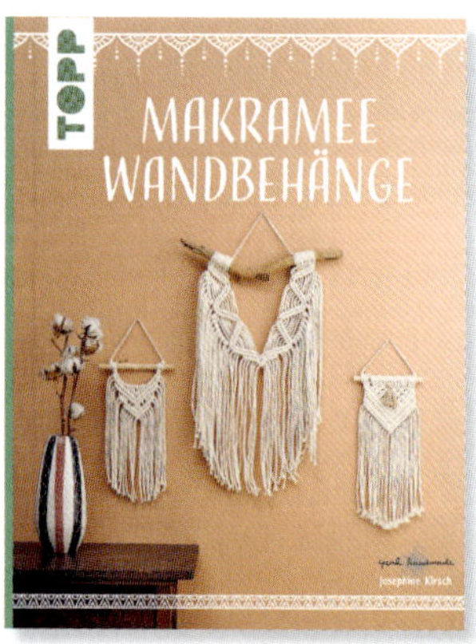

ISBN 978-3-7724-4438-8

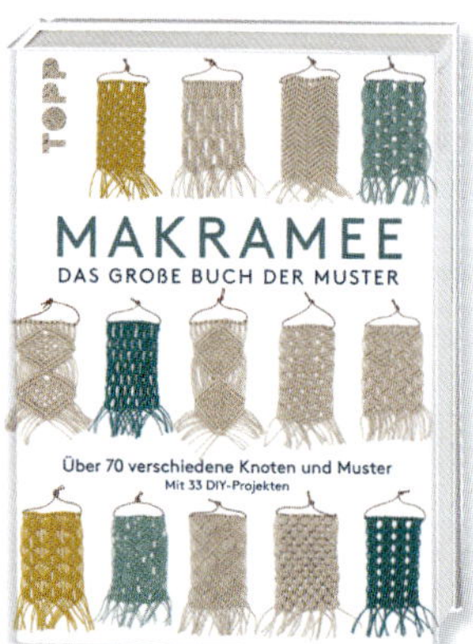

ISBN 978-3-7724-4494-4

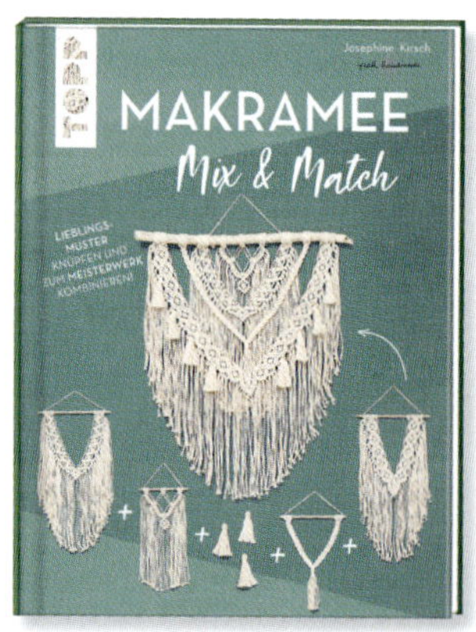

ISBN 978-3-7724-4658-0

Viele weitere Kreativ-Bücher findest du auf www.TOPP-kreativ.de

Impressum

Becky Haslbeck

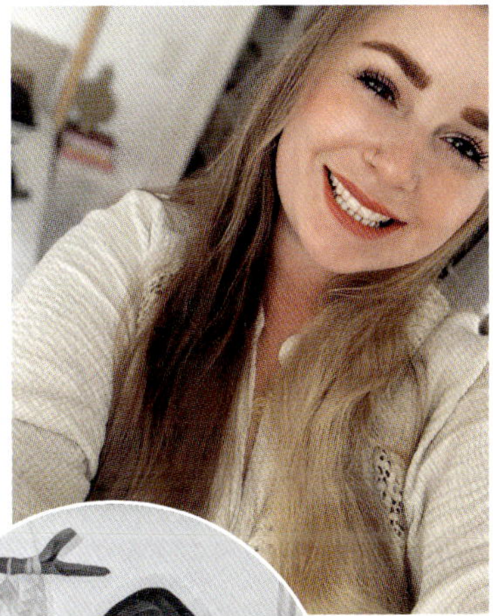

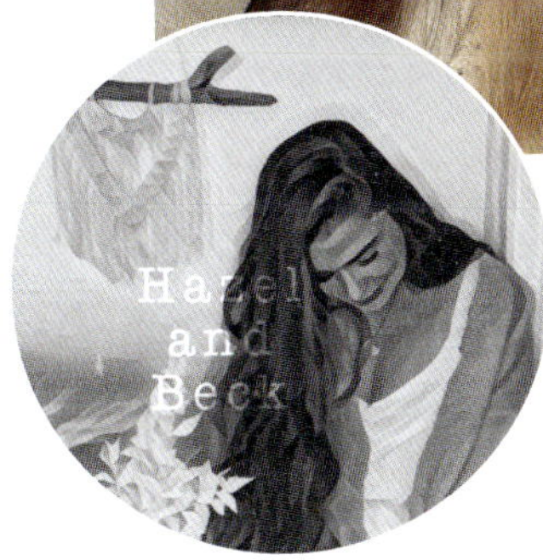

Die unterschiedlichsten Handarbeitstechniken begeistern mich schon seit frühester Kindheit. Seit Jahren beschäftige ich mich mit den verschiedensten Knüpf- und Knotentechniken. Zu meinen großen Leidenschaften gehören Makramee- und Trockenblumenarbeiten. Die größte Freude empfinde ich dabei, mein Gelerntes bei Workshops an Kinder und Erwachsene weiterzugeben. Mein Studio findest du in Hamburg Eimsbüttel, dort biete ich ganz individuelle Workshops an. Auf meiner Homepage und im Online-Shop www.HazelandBeck.de wie auch auf meinem Instagram- Account @by.HazelandBeck präsentiere ich meine immer wieder neuen Ideen und Kreationen.

Ich freue mich auf Dein Feedback 😊

Danksagung

Ganz herzlich möchte ich mich bei der Firma Seilwerk Paul Dittus GmbH (www.Pferdeseile.de, @makramee_madeingermany) für das wunderbare Garn bedanken. Ebenso bei rico für die Bereitstellung der vielen tollen Materialien.

Fotos: frechverlag GmbH, 70839 Gerlingen; lichtpunkt, Michael Ruder, Stuttgart; Rebecca Haslbeck (alle Arbeitsschrittfotos)
Produktmanagement und Lektorat: Eva Schrecklinger
Herstellung: Heike Köhl
Covergestaltung: Lena Sofie Schmitt
Satz: Werbeagentur Rypka GmbH - rypka.at
Druck: UAB BALTO print, Litauen

1. Auflage 2024

ISBN 978-3-7358-5228-1 • Best.-Nr. 25228

Service-Hotline

Hast du Fragen oder gibt es ein Problem? Wir helfen dir gern. Ruf uns an oder schreib uns eine E-Mail:
Telefon: 0711 / 123 757 20*
*normale Telefongebühren

E-Mail: hilfe@frechverlag.de
Weitere Informationen zum Verlag und zu unserem gesamten Programm findest du unter: www.topp-kreativ.de

FSC www.fsc.org MIX Papier aus verantwortungsvollen Quellen FSC® C107574

Penguin Random House Verlagsgruppe FSC® N001967